羽生結弦は助走をしない

誰も書かなかったフィギュアの世界

高山　真
Takayama Makoto

目次

第2章　「表現力」「芸術性」とは何か　55

第3章　羽生結弦の名プログラム　ここがすごい

まえがき

日本でもっとも人気のあるウィンタースポーツのひとつが、フィギュアスケートであることに異論をはさむ方はほとんどいないでしょう。競技そのものへの注目度の高さ、そして各選手への注目度の高さは、テレビ中継の視聴率の高さひとつとっても、証明されていると思います。

私は1980年からのフィギュアスケートのファンです。その時代から見てきている者として、現在の人気の隆盛ぶりは非常にありがたい。昔は、フィギュアスケートの中継なんて、世界選手権と冬季オリンピックくらいのものでしたから。

フィギュアスケートは、夏季オリンピックの体操競技とならび、採点競技の花形種目です。

採点競技における「得点」は、例えば陸上競技における「タイム」や「距離」、あるいはサッカーやテニスなどにおける「ポイント」のように、誰の目にもわかるようなものではないのかもしれません。

ただ、明確な「スポーツ」である以上、すべての点数には「裏付け」があると私は思っています。

38年間この競技を見続けてきた人間として、羽生結弦《はにゅうゆづる》の成長ぶりや、オリジナリティあふれる持ち味の磨き上げ方には、いつも驚かされてきました。

ただ単に「オリンピックの金メダリストだから」とか「人気がものすごくあるから」などという理由だけだったら、私もこれほど羽生結弦の演技を楽しみにする人間にはなっていなかったと思います。

フィギュアスケートの華は、ジャンプにある。

そうお思いの方も多いでしょうし、実際、得点配分が高いのもジャンプの要素です。羽生結弦ももちろん非常に難しいジャンプを跳んでいますが、私が羽生の演技にまず驚いたのは、「その難しいジャンプに、何を組み合わせているか」ということでした。

ジャンプの前後に「プラスアルファ」で加えているものが非常に多いのです。

そしてその「プラスアルファ」は、年々進化する一方です。

加えてここ4～5年の羽生には、「フィギュアスケートを見始めたころなら、私には『何気なく滑っている』ようにしか見えなかっただろう部分」にも、どんどん新しい「何か」が見えている。そのたくさんの「何か」が、私をずっと驚かせているのです。

その驚きと、「何か」を手に入れようとずっと格闘してきた羽生結弦というひとりのスケーターに対する思い、フィギュアスケートに対する思いを、できる限り細かく書いていければと思っています。


あわせて、平昌《ピョンチャン》オリンピックの男子シングル、女子シングルの有力選手、そして、私がいまでも鮮明に記憶に焼きつけている、歴代の素晴らしい選手たちのことについても、可能な限り詳細に書いていくつもりです。

それを通じて、羽生結弦という選手のすごみ、ひいては、フィギュアスケートというスポーツのすごみ、フィギュアスケートというスポーツに打ち込んでいる全選手のすごみを伝えることができたら。オリンピックが終わった後も、さまざまな演技を見返すときの「ひとつの目安」としてお読みいただけたら……と思っています。

38年の観戦歴のすべてを込めるつもりですので、現在のみならずかなり昔の選手の演技を「ご覧いただきたい例」として挙げることも出てきます。特に好きな演技については、読者の皆様方が後で検索しやすいよう、その選手名と該当する大会名の英語表記を加えています（5ページ未満の間に同じ選手のことを取り上げる場合は、名前は省略）。日本人選手に関しては、該当する大会名のみ、英語で併記しています。

また、日本人選手については、現役を引退された選手には基本的に敬称をつけていますが、その選手の現役時代のことを話題にする場合には、敬称を外す表記にしていることをご了承ください。

こういった本を出版することになっても、私自身は、「フィギュアスケートライター」

とか「スポーツライター」といった肩書きを自称するつもりはありません。そういった肩書きを名乗るには、ある「資格」が必要です。

そのスポーツに対する知識や感受性、敬意があるかどうか。そのスポーツに打ち込んでいる選手たちへの敬意があるかどうか。そして、あるならあるで、そういったものを、きちんと伝えられているか……。

この「資格」の有無は、自分で決めてはいけないことだと私は思っています。この本を手にしてくださった、おひとりおひとりが、読み終わった後でご判断くださることを望んでいます。

フィギュアスケートという素晴らしいスポーツを、さらに美しく、豊かな競技と感じていただけることを何よりも祈っています。

用語解説

フィギュアスケートには技の名前や用語がたくさんあります。それらすべてがカタカナの、なじみのない言葉で、私も観戦を始めたころは、頭の中に「?」がたくさん浮かんだ状態で、テレビ中継の実況や解説者のコメントを聞いていました。

この本を、「あまりフィギュアスケートのことを知らない」という方も手に取ってくださったかもしれません。そんな方々のために、よく出てくる技や用語を、私なりに、なるべく簡単な言葉で説明してみます。すべての用語を解説することは、残念ながらページ数の都合上、難しいため、基本的な用語のみとなっていることはご容赦ください。

【最初に】

フリーレッグ　片足で滑っているときの、氷面についていないほうの足。

エッジ　スケート靴の刃(ブレード)のうち、氷面に接する部分。

【ジャンプ】

反時計回り（回転するときの方向が、時計の針が回る方向とは逆）にジャンプを跳ぶ選手の場合で説明します。

アクセル　唯一の「前向きで踏み切る」ジャンプ。ほかのジャンプは全部「後ろ向きで踏み切る」ジャンプです。ジャンプは必ず後ろ向きに着氷しますから、ほかのジャンプより回転数が半回転多くなります。

ルッツ　左足のエッジがアウトサイド（外側）になったとき、右足のトウピック（ブレードの先についているギザギザ部分）をついて跳ぶジャンプ。

フリップ　左足のエッジがインサイド（内側）になったとき、右足のトウピックをついて跳ぶジャンプ。ルッツとの違いは、「左足のエッジがアウトサイドか、インサイドか」。

トウループ　右足ではなく、左足のトウピックをついて跳ぶジャンプ。この本では「トウループ」ではなく「トウ」とシンプルに呼ぶ場合もあります。この本では「4回転トウループ」ではなく「4回転トウ」のように表記しています。次に紹介する「ループ」というジャンプとの混同を避けるためです。

ループ　トウピックをつかずに跳ぶジャンプ。右足のエッジがアウトサイドになったときに跳びます。跳び上がるとき、左足が右足の後ろへ振り上がっているイメージ。

サルコー　トウピックをつかずに跳ぶジャンプ。左足のエッジがインサイドになったときに跳びます。跳び上がるとき、右足を大きく振り上げているイメージ。

日本のテレビ中継では、ジャンプのたびに解説者がほぼ必ず、ジャンプの名前を言ってくれます。私もその解説を聞いて覚えていきました。

一般的に、難しい順から「アクセル、ルッツ、フリップ、ループ、サルコー、トウ」と考えられていますが、選手ごとに得意なジャンプ、不得意なジャンプは当然あります。

【スピン】

キャメルスピン　上半身とフリーレッグが一直線になり、かつ、氷面と水平を保つ。そんなポジション（キャメルポジション）でおこなうスピン。ジャンプして、両足とも氷から離れる状態になってから片足で着氷し、即座にこのスピンをおこなうと「フライングキャメルスピン」という技になります。

シットスピン　氷面についている足のひざをグッと曲げ、腰を落とし、しゃがみ込んだような状態でおこなうスピン。ジャンプしてからこのスピンをおこなうと、「フライングシットスピン」という技に。「アクセルジャンプのような形で、左足で踏み切り、空中でお腹部分が下になるような体勢になってから、右足で着氷し、ダイレクトにシットスピンをおこなう」のが、「デスドロップ」です。

【ムーヴス・イン・ザ・フィールド（ひとつの体勢をキープして滑ること）】

スパイラル　フリーレッグを腰よりも高い位置にキープして、もう一方の足で滑っていく。女子シングルでよく見られます。

イーグル　左右のつま先を大きく外側（１８０度）に開いた状態で滑っていく。

イナバウアー　イーグルとの違いは、左右の足が前後にずれている点。前に出しているほうのひざは曲がっています。スケートファンには常識ですが、「イナバウアー」は足のポジションで判断するもので、上半身がグッと反っている状態は「レイバック」という姿勢。荒川静香や羽生結弦がやっているのは、上半身が「レイバック」で足のポジションが「イナバウアー」です。

ハイドロブレーディング　上半身をグッと低くして、エッジを深く傾けて滑っていく。

【回転系の動き】

ツイズル　スピンは1点で回り続けるもの。ツイズルは、片足で回りながら移動します。

ウィンドミル　キャメルポジションから、上半身をグッと前傾させるようにして回転する。必然的に、上半身と一直線になっているフリーレッグは高く上がります。

【私個人の言葉の使い方】

ミュージカリティ　「音楽性」と訳すのがいいのかもしれません。英語圏の友人が「音楽との同調性、音楽に対する感覚のよさ」を言いたいとき、この言葉で表現していますので、この本でもそのまま使っています。

エッジワーク　スケーターはジャンプやスピン以外のところで、左右それぞれのスケート靴のエッジを「前向きにする（フォア）／後ろ向きにする（バック）」動作、そして「内側に倒す（インサイド）／外側に倒す（アウトサイド）」動作を複雑に組み合わせています。その複雑な組み合わせによるエッジさばきを、私は「エッジワーク」と呼んでいます。

ステップ／ターン　厳密には「ステップ」にも「ターン」にも、エッジが「フォア／バックの切り替え」「インサイド／アウトサイドの切り替え」「右足と左足を踏み替えるか否か」で、たくさんの種類があり、それぞれに名前がついています。

「ステップシークエンス」とはその名の通り「ステップの連続」。たくさんの種類のステップやターンをさまざまに組み合わせておこなっていく要素のこと。「コレオシークエンス」は、もう少し自由度が高く、ステップやターンの組み合わせ方に規定がありません。印象的なムーヴス・イン・ザ・フィールドを主役に持ってくる選手も多いです。

さまざまな種類があるステップやターンですが、この本では、「ステップ」は、エッジワークによって切り替わる足の動きのこと。「ターン」は、直径20～50センチくらいの円周を片足でクルッと回っている動作。

そんなイメージでお読みいただければ嬉《うれ》しいです。

第1章　フィギュアスケートの「本当の魅力」とは

フィギュアスケートはジャンプだけではない

そもそもフィギュアスケートとは、どういうスポーツなのでしょうか。

テレビや新聞などでは、4回転ジャンプの「種類」と「跳ぶ数」、そしてその成否が主に取りざたされています。

もちろん、ジャンプの得点配分がいちばん高いのは確かですし、実際に観客がいちばんに盛り上がるのも、ジャンプの部分でしょう。しかし、現在はもちろん過去においても、ジャンプの種類と数が勝敗を決めた時代はない、と私は思っています。

例えば、2002年のソルトレークシティオリンピックの男子シングル。私にとっては男子シングルの黄金時代です。「4回転ジャンプを跳べなければ勝てない」という「4回転時代」の本格的な幕開けになった大会として、覚えていらっしゃる方も多いでしょう。

この大会の優勝はアレクセイ・ヤグディン、準優勝はエフゲニー・プルシェンコでした。本田武史も、この2強の間に割って入ろうと、素晴らしいパフォーマンスを見せました。

ソルトレークシティで取り入れていた4回転は、ヤグディンのフリー（Alexei Yagudin 2002 Olympics FS）もプルシェンコのフリー（Evgeni Plushenko 2002 Olympics FS）もトウ1種類でした。ふたりともそのトウを2度フリーの中に入れています。

しかし、実をいうと、この大会において4回転ジャンプの種類も、跳んだ数も、上回っている選手が存在します。

アメリカのティモシー・ゲーブル（Timothy Goebel 2002 Olympics FS）と中国の張民（Min Zhang 2002 Olympics FS）です。彼らは、サルコーとトウ、2種類の4回転ジャンプをフリープログラムの中に組み入れていました。ゲーブルはサルコーを2回、トウを1回。張民はトウを2回、サルコーを1回。両者とも、3回跳んだ4回転はすべて成功させています。

それでもオリンピックを含め、ヤグディンとプルシェンコが出場する試合では、優勝候補はいつもヤグディンとプルシェンコであり、彼らがひとつふたつミスをしたくらいでは、ゲーブルや張民と順位が入れ替わることはなかったのです。

その理由は、ただひとつ。

「ヤグディンとプルシェンコが、ジャンプ以外の部分でもすぐれていたから」

ということに尽きる、と私は思っています。

「トータルパッケージ」とは

フィギュアスケートは、その名の通り「氷の上に図形（フィギュア）を描く」のが、そもそもの成り立ちです。

スケート靴の薄い刃を自在に操って、氷になめらかで美しい跡（トレース）を正確に描くこと。それが昔からいまにいたるまで、いちばんのベースになっていると私は確信しています。

ヤグディンとプルシェンコの演技は、ジャンプ以外の部分こそが、私にとっては「ツボ」でした。

ひと蹴りでスーッとストレスなく伸びていくトレース、上半身の振り付けと密接にからみあっているようなエッジワーク。そのエッジワークの圧倒的なスピードと、そのスピードの中で描く「図形」の複雑さ……。

加えて、振り付けとエッジワークの融合から生まれる、音楽との一体感……。

つまり、彼らのスケーティングそのものに、私はワクワクしていたのです。

そして、私の「ツボ」は現在も変わることがありません。

現在の有力選手とそのコーチは全員、高難度のジャンプを組み入れながらも、プログラム全体としての「完成」を目指しています。

雑誌「Number」（文藝春秋社）のウェブ版に、２０１６年11月28日にアップされた記事には、羽生結弦のコーチ、ブライアン・オーサー氏が羽生に「トータルパッケージを大切にしなさい」と伝えていることが記されています。

海外のフィギュアスケートの中継では、20年以上前から、ジャンプだけでなく、スピン、ステップ、そして全体的なスケーティングの能力と演技面……、すべてにおいて素晴らしいパフォーマンスのことを、解説者や実況者が「トータルパッケージ」とか「コンプリートパッケージ」という表現で褒めています。

先ほど挙げたヤグディンとプルシェンコも、「トータルパッケージとして、非常にすぐれていた選手」です。

２０１７年四大陸選手権の、フジテレビの関連番組でも、髙橋大輔氏が、４回転４回転と繰り返すアナウンサーに「トータルパッケージ」の重要性を説いていました。さすが、「現役時代には」などという枠を超え、「フィギュアスケートの歴史」において傑出したミュージカリティを持つ選手が言うと、説得力が違います。

そして現在、トップを走る選手たちは、それぞれの方法論、それぞれのアプローチで、オリジナルの「トータルパッケージ」を目指しています。

ここ数年、「ジャンプの高難度化」と同じくらいはっきり目に見える形で、「各選手のトータルパッケージの作り方」が明確になっているわけです。これが、ますます私をフィギュアスケートにのめり込ませている要因です。

カギは「スケーティング」

羽生結弦の演技を集中して見てみると、ジャンプやスピン、ステップ以外の部分にも、実に見どころが多いことに気づきます。

本当に、スケーティングが素晴らしいのです。

先ほど、「フィギュアスケートは氷の上に図形を描くこと」と書きました。その図形は、基本的に片足で描くものです。

前向きに滑るのを「フォア」、後ろ向きに滑るのを「バック」、そして、エッジの内側を使って滑るのを「インサイド」、外側を使って滑るのを「アウトサイド」と呼びます。

そして、「右足で滑っているか／左足で滑っているか」まで加えると、合計で8種類の「片足での滑り」があるわけです。

そこに加えて、「ムーヴス・イン・ザ・フィールド」という要素があります。イーグルやイナバウアー、スパイラルやハイドロブレーディングのように、「ひとつの姿勢をキープしたまま滑っていく」要素のことです。

8種類の「足を踏み替えていくスケーティング」と「ムーヴス・イン・ザ・フィールド」は、それぞれ単体で見たときに、どれだけスムーズか。

そして、単体でスムーズな要素たちを、どれだけ複雑に、緻密《ちみつ》に、多種多様に組み合わせるか。さらに組み合わせた後でもなお、スピードとスムーズさを失うことなく、プログラム全編を滑りきれるか。

羽生結弦は、ジャンプやスピンだけでなく、この部分についても突出したものを持っているのです。

羽生結弦の「スケーティング」とは

「スケーティングが素晴らしい男子の現役選手」として、10年以上にわたって名前を挙げられてきたのが、パトリック・チャンです。

ジュニア時代から「うまい選手だなあ」と思っていましたが、私が最初にチャンの演技に度肝を抜かれたのは、バンクーバーオリンピックの前年の、四大陸選手権のショートプログラム（Patrick Chan 2009 4CC SP）でした。

ひざと足首の柔軟性を最大限にいかした、なめらかなトレース。

下半身の蹴る力によって推進力を得るのではなく、厳密な体重移動により、瞬間的に「正しいエッジ」に乗る技術。それゆえに、エッジに乗った瞬間よりも、流れの中でスピードがグンと速くなっていく。当然、「1歩」の距離もほかの選手よりはるかに長い。

以上が、単体で見た場合の素晴らしさです。

それに加えて、先ほど挙げた「8種類の要素」が、一切ブレることなく、なめらかに、すさまじい速さで踏み分けられていき、そのほとんどが、曲の音符とピッタリと一致していたのです。

パトリック・チャンは当時18歳。それなのに、「重厚感とスピードの両立」という、非常に難しいことを、信じられないほど高いレベルで実現させていた。驚くべきクオリティの高さだったのです。

羽生結弦のスケーティングも素晴らしいのですが、チャンと羽生は、押さえるべき、磨くべき基礎は同じでも、アプローチの仕方が違うように私には思われます。

チャンと羽生の共通点は、

・ひざと足首の柔軟性を最大限にいかしていること。
・厳密な体重移動を実現しているため、瞬間的に正しいエッジに乗っていること。そのため、乗った瞬間より、流れの中でスピードが速まること。

・「1歩」の距離が非常に長いこと。
・8種類の組み合わせ、その踏み替えの複雑さや正確さが素晴らしく、それが曲の音符やリズムと見事に融合していること。

そして、チャンと羽生が対照的なのは、

・「重厚感とスピードを、信じられないほど高い次元で両立させている」チャンに対して、「信じられないほどのスピードを出しつつ、本来あるはずの体重をまるで感じさせない。そんな『エアリー感』を実現させている」のが羽生。

だと私は思っています。

羽生は女子よりも確実に10キロ以上は体重がある男子選手です。それなのに、これができているのは驚異的と言いますか、ほとんど神秘です。

誤解のないよう言い添えますが、体重がかかっていないわけではありません。体重がかかっていなければ、そもそもあんなにスピードは出ませんし、「1歩」の距離も伸びるはずがないからです。

私はこのスケーティングを「羽生結弦のオリジナリティ」のひとつに挙げたいと思います。

羽生結弦の「トランジション」とは

私が、フィギュアスケートを報道する日本のメディアに関して、もっとも残念に思っているのは、「どんな難しいジャンプを実施するかということに話題が集中しがちなこと」です。フィギュアスケートを愛してやまない多くの方々も同じ思いを抱いていらっしゃるはずだと確信しています。

先ほど「トータルパッケージ」のことを話題にしましたが、現在のフィギュアスケートのトップグループの選手たちとそのコーチ陣で、そのことを考えていない人はひとりもいないと断言できます。

つまり、どの選手も「難しい技を組み入れつつも、いかにして『単に技だけを実施しているのではない』プログラムを作るか」ということに取り組んでいるのです。

そこに個性が出るところが、フィギュアスケートの面白さのひとつだと思います。

例えば、4回転ジャンプやトリプルアクセルのような難しいジャンプを跳ぶとして、ジャンプの前にどのようなステップやターンを入れるか。

または、ジャンプやスピンなどの技と技の間を、どのようなエッジワークでつないでいくか。

こういった部分は「トランジション」と呼ばれています。

羽生結弦の場合、このトランジションの密度がすさまじい。あえてこの言葉を使うなら、「異常な」レベルなのです。

4回転を跳ぶときでさえ、助走にあたる「漕ぎ」はせいぜい3回。あとはずっと足を踏み替え、前方向（フォア）と後ろ方向（バック）にエッジを切り替え、なめらかにターンを入れ……。時にはそのターンが、羽生本来の回転方向とは反対の、時計回りの方向に回転しています。

この「その人の、本来の回転方向とは反対の方向に回る」ことの難しさはすぐにでも実感できます。氷上でなく地上でまったくかまいませんので、片足で「自分がナチュラルに回転できる方向とは、逆の方向」へターンしてみてください。ほとんどの人は、半回転もしないうちにバランスを崩してしまうはずです。

羽生結弦の場合、この「本来の回転方向とは反対方向にターンする」というムーヴを、トリプルアクセルからのコンビネーションジャンプの直前に入れることができるのです。控えめに言っても、とんでもないレベルです。

そうした難しいエッジワークを盛り盛りに入れながら、ジャンプに入るためのスピードはむしろ上がっていく。

「1歩ごとに、どれだけ正確なエッジに乗っているか」の、何よりの証明と言えるでしょう。

ここで、2017～18年シーズンの羽生結弦のショートプログラムとフリーの演技で、私が素晴らしいと思った「ツボ」を箇条書きの形で書いていきたいと思います。

読みながら演技を見返していただけるように、羽生結弦が実施した技の順に書いていきます。

この本の発売は平昌オリンピックより前ですので、2017年12月10日の段階での、私の「ツボ」であることをご了承ください。

また、スケーティングやトランジション以外のツボも出てきます。特に「音楽との融合」については、テレビや新聞、雑誌などでもあまり語られない部分ですから、少々唐突に感じる方もいるかもしれません。そういった、いわゆる「表現に関するツボ」については、第2章で語っていこうと思っています。

スケーティングの美しさ、トランジションの濃密さとスムーズさを中心にしつつ、演技全体の「ツボ」まで書いていけたらと思います。

私が、羽生結弦の演技のどんなところに美しさを感じ、すごみを感じたのか。それが伝わりますように。

平昌オリンピックシーズン、羽生結弦が勝負曲として選んだのは、ショートプログラムがショパンの『バラード第1番』、フリーが『SEIMEI』です。どちらも2015〜16年のシーズンで使用した曲と同じです。

羽生結弦は、2015年のグランプリファイナルにおいて、このふたつの演技で「合計得点の歴代世界最高点」を記録し、2017年12月10日（2017年グランプリファイナル終了日）の段階で、その記録はまだ破られていません。

以前の曲を使用するというのは、「期待値がはじめから高くなる」というリスクもあったはずです。

「新しい曲がもたらす新鮮さと驚き」を選ぶか。それとも、「素晴らしいプログラムであることが、多くの人にすでに共有されているという安心感」をベースに「さらなる高み」を目指すか。

その二者択一は、人によってチョイスが変わってくるでしょうが、羽生とオーサー氏が選んだのは後者でした。

そして、平昌シーズンの「ニューバージョン」は、スケーティングのさらなる向上に裏打ちされた「something new」が随所に盛り込まれた、ちょっと空恐ろしくなるほどの作品になったと感じています。

ショートプログラム、フリーとも、オリンピックシーズンにふさわしい。

私は強くそう思います。

◎2017年オータムクラシック　ショートプログラム

（2017 Autumn Classic International SP）

私は個人的にクラシックのピアノ曲が大好きでして、ショパンの『バラード第1番』が羽生結弦の「オリンピック勝負曲」になったことを心から喜んでいる人間のひとりです。

ピアノの音符ひとつひとつと足さばきのタイミングを合わせながら、プログラム全体の雰囲気も、曲のイメージに合わせている。

「ひとつひとつの足さばき」も「足さばきの集合体としての、全体の雰囲気」もシンクロしている。見事な二重構造と言えると思います。

●スタートのひと漕ぎの後、左足のフォアインサイドから、一瞬のターンでバックアウトサイドにエッジが替わるところ。このターンをブラケットと呼びますが、このなめらかさと、バックアウトに替わってからの、糸を引くような迷いのないトレースが見事。

また、2シーズン前と比べ、バックアウトに替わってからのポジションの保持の時間が、1拍分伸びていて、その分距離も出ている。

●コンビネーションジャンプのための助走にあたる漕ぎから、すでに曲の音符と足さばきがピッタリ一致している。

助走に続くコネクティングステップは、エッジを動かすことで成り立つステップに対してはピアノの短い音、エッジを動かさないからこそ成立するイーグルに対しては長めに伸びる音を合わせている。

単に「曲のイメージ」だけではなく「音符やリズム」にまで厳密にエッジワークを合わせているわけです。これが、「この曲を選んだ必然性」や「この曲で滑る意味」を、非常にクリアに主張していると思います。

●4回転の単独ジャンプ（この大会ではサルコー）を着氷し、そのスムーズなトレースの延長線上に、パーフェクトにフリーレッグを置いていき、アウトサイドのイーグル。そしてエッジを替えて、インサイドのイーグルへと移行する。ここまでが、4回転ジャンプのトランジションになっている。

インサイドのイーグルになってから、キュッとスピードが上がっていることにもご着目願います。非常に正確なエッジに乗っていることがわかります。また、インサイドのイーグルにおける、背中のアーチも素晴らしい。

チェンジエッジしていくイーグルを、4回転ジャンプの着氷後のトランジションとして入れるのは、褒め言葉として使いますが、異常なレベルです。

●バタフライからフライングキャメルスピン。着氷の瞬間の柔らかなひざのクッション。体が氷とほとんど平行になるくらいに跳んでいて、それを片足で受け止めているとは信じられないほどの、エアリー感。着氷の瞬間のフリーレッグの揺れが、格段に少なくなったのを感じます。

加えて、回転の速度にも私は注目しました。どうしてもゆるみがちになるはずのポジションの移行時と、ドーナッツスピンという難しいポジションに変更した後も、ピアノの音のタイミングとシンクロしています。回転ごとに頭が同じ位置を通るタイミングと、バックに流れるピアノの音の同調性を確認してみてください。そのことがはっきり感じられると思います。

●バックエントランス（背中側から入っていく）のウィンドミルをトランジションにした、足替えのシットスピン。これも、ピアノの音と回転のタイミングのシンクロが見事。

特に、足替えをして、フリーレッグを軸足の間に巻き込むようなポジションへと変化した後に、私はいつも驚きます。このポジションになってもなおスピードは落ちず、ピアノの音とシンクロしているのですが、途中でアームの動きにさまざまなバリエーションをつけても、やはりスピードが落ちないことも特筆すべきでしょう。

●トリプルアクセルの前後のトランジション。ルール上は、トリプルアクセルの前にも後にも、ステップを入れる必要はありません。が、羽生はリンクの対角線をほぼいっぱいに使ってステップを踏んだ後、トリプルアクセルを跳びます。

見事なバックアウトエッジで着氷した後、スピード豊かな流れのままに、バックインサイドへとチェンジエッジ。そしてすぐ、なめらかにフォアエッジに移行して、2回転分のターンを入れています。ここまでが、着氷した足でおこなうトランジションになっています。

着氷後から、2回転分のターンが終わるまでの距離の長さと、充分に保たれているスピード。この驚異的なトランジションを高難度のジャンプの後につけられる強さとテクニック。これも羽生結弦のオリジナリティのひとつに挙げたいと思います。

また、バックアウトからバックインへとチェンジエッジするときは、ややタメが入るように、重く低く響くピアノの音、そのピアノが華やかにこぼれるような音に変わったところでターンに入るという、音楽との同調性も素晴らしい。

なんと言うか、「このエッジワークには、こういう『音』が似合う」という、明確な主張を、トリプルアクセルのトランジションにも入れてきているのを感じます。これもまた羽生結弦のオリジナリティだなと強く感じます。

●ターンの連続からの、4回転＋3回転のコンビネーションジャンプ。2番めのジャンプのトリプルトウで、両手を上げたポジションで難度を上げていたのにもビックリです。

両手を上げるポジションは、伊藤みどりが1988年のカルガリーオリンピックのショートプログラム（1988 Olympics SP）で披露したのが、私にとっては原体験です。

このポジションは「両手タノ」という呼び方がわりとよくされているでしょうか。これは、片手をまっすぐきれいに伸ばした状態で、美しいトリプルルッツを跳んでいた、1988年カルガリーオリンピックの男子シングルのチャンピオン、ブライアン・ボイタノの名前から生まれた呼び方です。このときのボイタノのフリー（Brian Boitano 1988 Olympics FS）は歴史に残る名プログラムです。

2000年代に入ってからは、アメリカの男子シングルの選手、アダム・リッポンが両手をまっすぐ上げたポジションのトリプルルッツを非常に美しく実施しています。

羽生結弦の話に戻りますが、両手を上げた状態でトリプルトウを跳び、着氷した後のアームの表現も素晴らしい。

着氷のバランスをとるために両腕を広げているのではなく、「叩《たた》きつけるようなピアノの音との同調性」の表現として、アームを使っていることがはっきりわかる。非常に熟練性が高いと思います。

ただし、「両手タノ」のトリプルトウを、羽生が今後必ず実施していくかどうか、は、私は未知数だと思っています。

1本めの4回転トウが完璧な形で着氷できたからこそ両手タノを入れたのでしょうが、トリプルトウの着氷時、ほんの一瞬ですが、エッジが氷に食い込むような形になっていたからです。

先ほど書きましたが、この曲は2015～16年シーズンと同じです。2015年のグランプリファイナル（2015 GPF SP）のコンビネーションジャンプは、トリプルトウの着氷の流れが、まったくストレスのない完璧な出来栄えでした。アームの開き方も、バランスをとるためではなく、音楽との同調性の表現としてきちんと機能していました。

ジャンプそのものの難度を上げていくか。

それとも、着氷のクオリティを優先するか。

ただ、4回転からのコンビネーションジャンプで、こういった「贅沢《ぜいたく》な悩み」とも言えそうな選択肢を持てるのは、たぶん羽生だけであるということは、私にもわかります。

●ステップシークエンスも、要素の実施順に「ツボ」を書いていきます。

■序盤の、羽生のナチュラルな回転方向とは逆の、時計回りのターン。
これは2015~16年シーズンの演技とも共通するムーヴですが、2シーズン前と比べて、このターンが非常にシャープになっている。そして、「きっちり1回転ターンしている」ということが、よりはっきり見えるようになっています。

加えて、アームの表現！ シャープなターンと連動するかのように、かつ、音楽の盛り上がりどころとリンクするかのように、情熱的かつエレガントになっています。

■小さなホップからただちに、右足だけで異なったステップを踏み続ける箇所。
ひとつひとつのエッジの切り替えが明確なのはもちろん、右足だけで出している距離の長さが素晴らしい。

■プログラムの最初のムーヴとリンクするかのような、充分に体勢を保持したブラケットターン。

■インサイドのイナバウアー。「途中まではターン。いつの間にかイナバウアー」という感じの、非常にシームレスな実施。イナバウアーに入る直前の右足が、遠心力をガッツリ使って外側に振っているのに驚かされます。

右足が氷につくまでは、その遠心力ゆえに「かなり体軸の外側にブレてしまうのではないか」と思うのですが、右足が氷をとらえるや、なめらかなイナバウアーのトレースに一瞬で入っている。こういった「さばき方」も、羽生結弦のオリジナリティのひとつに挙げたいと思います。

イナバウアーやイーグルで、エッジワークのうまさを見せられる選手が私は大好きなのですが、ほとんどの選手は、「左右それぞれの足をピタッと着氷させてから、グイン！と加速する」さばき方です。

■アームのポジションにバリエーションをつけたツイズル（途中で、軸足に巻き込んだほうの足を1度ほどいていますので、私としてはふたつのツイズルの連続として解釈したいです）。

これは完全に個人的なツボなのですが、最初のアームの形が、1シーズン前のショートプログラムの『Let's Go Crazy』のプリンスのシンボルマークを思わせます。「プリンスマーク」で検索をかけていただくと、この思いを共有してくださる方もいるかもしれません。

■今度は左足で、異なったターンを踏み続けるのですが、羽生本来の回転方向とは逆の、時計回りのツイズルから始まっている。

●最後のコンビネーションスピン。肩から指先にかけての、非常に柔らかいライン。「回転の力を得るために、腕に力を入れて回転軸の中心のほうへ絞る」必要がまったくないことが見て取れる。

２０１７年12月10日時点で、ショートプログラムだけで見た場合、この演技が男子シングルの歴代最高得点です。

◎２０１７年10月ロシア杯　フリー　（2017 Rostelecom Cup FS）

羽生結弦が「和」の表現で世界中を驚かせた２０１５～１６年シーズンのフリー。映画『陰陽師』の使用曲を編集し、『ＳＥＩＭＥＩ』と名前をつけ、使用しています。

羽生結弦のフリーの得点が初めて２００点を超えたのは、このシーズンの、この曲を使った演技です。グランプリファイナル（2015 GPF FS）での演技を見たとき、

「これは……オリンピックの２シーズン前に『ピーク』が来てしまったのかも」

と、その素晴らしさにかすかな危惧を覚えてしまったほどです。

しかし、このロシア杯の演技を見たときに、それは杞憂《きゆう》に終わりました。

羽生結弦の「目指している世界」は、２シーズン前よりもはるかに高い場所にあったんだ、ということが伝わってくるプログラムです。

●冒頭の４回転ルッツ！　力みのまったくない、なめらかなバックアウトエッジからの踏み切りも、高さも、回転の軸の細さも、非常によかったと思います。回転不足もまったく

ありませんでした。

回転軸がほんの少しだけではありますが前方寄りになっていたこと、そして「回転が足りない」のではなく「むしろジャンプが大きすぎて、わずかに回りすぎていた」ことが、着氷での「こらえ」につながったのかもしれません。ただ、こらえた後にこれだけフローを出すわけですから、やはりすごいものだと思います。

この大会がテレビ朝日で放送されたときに、練習風景の映像も少し映ったのですが、そこで羽生が、完璧な踏み切り、高さと回転軸、そして素晴らしい着氷、すべてがそろった4回転ルッツを跳んでいる瞬間が流れていました。

「練習でこんなに完璧なクオリティのルッツが跳べているのなら、本番に入れたいと思うのは、羽生のチャレンジャーな性格を考えたら当然かもしれない」

というほど、説得力充分な出来栄えでした。

ただ、ロシア杯の後に出場予定だったNHK杯の公式練習中に、このルッツジャンプで転倒し、ケガを負ったことで、改めて「羽生結弦だけでなく、多くの選手が、常に大きなリスクと向き合って練習を続けている」と思い知らされました。

羽生が平昌オリンピックで素晴らしい演技を披露することを、私は露ほども疑っていません。きっと羽生自身が誰よりも強く、平昌で「集大成」を見せることを望んでいるのでしょうが、「このジャンプをオリンピックで実施するかどうか」については、私は意見を持たないようにしています。

羽生結弦が「する」と決めても「しない」と決めても、どちらも「尊重すべき、羽生結弦のチョイス」です。

2015～16年シーズンのショートプログラムで、4回転ジャンプの数をふたつに増やし、見事に成功させて点数を大幅に上げていった時期も当然見ていますから、「もっと上を目指したい」という気持ちも理解できます。

また、4回転ルッツを入れなくても、この平昌シーズンの『SEIMEI』が驚異的に密度の高いプログラムであることも知っています。

どちらを選ぼうと、素晴らしいプログラムであることに変わりはありませんから。

●4回転ルッツを跳んで数秒後。右足のフォアエッジから720度ターンしつつ、ただちにインサイドのイーグルへ。そしてなめらかにアウトサイドへとチェンジエッジする。ここまでのシームレスな流れ！　そして、最後にターンで締める。

この一連の流れを、ステップシークエンスやコレオシークエンスの中ではなく、トランジションで実施していることに、ただただ驚くばかりです。

このムーヴは、試合では初めて取り入れたのではないかと思います。

●4回転ループ（この大会では3回転になりましたが）のエントランス。
この大会で優勝したネイサン・チェンが、シーズンはじめのＵＳインターナショナルクラシックのフリー（Nathan Chen 2017 U.S. Int'l Classic FS）で、最初のジャンプとして4回転ループを跳び、成功させています。

成功させたこと自体がすごい。その大前提のもとに言いますが、私は、跳ぶ前のチェンのトレースにも注目しました。ループは、右足のバックアウトエッジで踏み切るジャンプですが、チェンは、シンプルな円周状のトレースを、右足に体重がかかっているにせよ両足滑走で準備に入っています。そして、跳ぶ直前に、右足のバックアウトエッジがグッと深くなって、踏み切っている。踏み切り方としては、基本動作にのっとったものと言えます。ジャンプをする前の集中の時間を長めにとれるというメリットがあるわけです。

対して羽生のループは、バックエッジになってから、1度左足に体重を乗せていて、そのときの右足は浮いていています。そして跳ぶ直前に、右足に踏み替えている。

これだと、ジャンプの前の準備時間、集中する時間がほとんどありません。

これが「複雑なトランジション」と呼ぶべきものですが、それを4回転ジャンプの前におこなっているわけです。

「チャレンジング」としか言いようがありません。

●トリプルフリップの前にも後にも入っている、濃密なトランジション。

「ジャンプ前からおこなっているターンが、3回転分だけは空中に浮いている」といった感じの実施。バックアウトエッジで着氷した後は、着氷の流れのままにそのエッジをバックインエッジにチェンジエッジしてから、エッジを前向きに。さらにそこからターンを入れている。

着氷後のトランジションは、ショートプログラムにおけるトリプルアクセルの着氷後のそれと、タイプとしては同じです（ショートプログラムのトリプルアクセルは、着氷後前向きになってからのターンが1回転ではなく2回転ですが）。

●トリプルフリップのトランジションが終わって即座に入る、フライングキャメルからの足替えのコンビネーションスピン。足替え後の、ビールマンスピンに行く前のキャッチフットのポジションで、スピードがグンと上がる。

もともとこのキャッチフットの際にスピードを上げられる選手ではありましたが、今回はさらに速くなっているのがわかると思います。

スピンの後に入れたトランジションは、インサイドのイナバウアー。スピンの「出」にも気を抜かないプログラムデザインです。

●ステップシークエンスも、要素の実施順に「ツボ」を書いていきます。

■ひとつひとつのステップを明確におこないながら、どんどんスピードが速くなっていく。個人的には、右足のひざを曲げ左足を伸ばし、足のポジションが「への字」の形になるムーヴス・イン・ザ・フィールド（左足はかかと部分のエッジだけで滑ります）の直前、時計回りに「フォア→バック→フォア→バック」と、きれいに180度ずつエッジを切り替えていく部分のなめらかさが好きです。

■「への字」から、インサイドのベスティスクワットイーグル、そして時計回りのターンへ。この一連の流れの見事さ。ベスティスクワットイーグルをはさみ込んだのは、非常に明快な「something new」と言えると思います。

また、上半身は非常にくっきりしたコントラストでこの3つのムーヴをこなし、ひざから下、足首から下は流れるようなつながりになっているのも素晴らしい。

■顔を上に上げながらホップした直後の、左足のアウトエッジの深さ。

■時計回りのツイズルから始まる、異なった種類のエッジワークの組み合わせ。

■上半身を倒さない（体重をかけにくい）形でおこなう、フォアのクロスロール。「神官がすり足で進んでいる」ようなイメージの振り付け部分です。「体重をかけにくい」ということは、「進行方向へのスピードが落ちやすい」ということですが、見事にスピードをキープしています。

■ステップシークエンス全体のスピードも、2015〜16年シーズンと比べてはっきり上がっている。

●2本の4回転トウは、1本めのほうをコンビネーションにしたかったのでしょうが、その1本めが2回転に。

2本めの4回転トウは成功し、とっさ（1本めと2本めの4回転トウとの間のわずかな時間）の判断でリカバリーのトリプルトウをつけてコンビネーションに。

リカバリーの手段として「4回転を降りて、セカンドジャンプにトリプルをつける」という発想自体がとんでもないし、それを実現する能力もとんでもない。

●2本めの4回転トウにセカンドジャンプをつけた影響でしょうか、次に続くトリプルアクセルのための助走がほぼゼロになったにもかかわらず、イーグルからトリプルアクセルを成功させる。

もし、1本めの4回転をきちんとコンビネーションにできていて、2本めの4回転トウを単独ジャンプにできていたら、トリプルアクセルのために2～3蹴りの助走ができたかもしれない。そうしたらこのトリプルアクセルは、さらに雄大なものになったはずです。

いずれにしても、この2本めの4回転トウとトリプルアクセルの間の時間の短さは、考えられないレベルです。断言してしまいますが、公式の競技会において、この準備時間の短さで、このふたつの高難度のジャンプを跳んだ選手は、これまでで羽生結弦だけです（アイスショーまでを含めると、私はすべてをチェックできていないのですが……）。

●ジャンプの要素の最後を飾るのは、2本めのトリプルアクセル。これを着氷して、即座にフライングからの足替えシットスピンに入るという展開に腰が抜けそうなほど驚く。

今回はジャンプの着氷がやや詰まったため、スピンの勢いがそがれてしまった形に見えました。

ただ、「トリプルアクセルは完璧に着氷できる」という確信がないと、そもそも「こういうプログラムを組もう」という発想すら浮かばないはず。

2015~16年シーズンの『SEIMEI』では、トリプルルッツの着氷からこの展開になっていましたが、トリプルルッツとトリプルアクセル、「フライングシットスピンの直前の要素として、難しいのは、どちら?」などと、問うまでもないことでしょう。

以上、ショートプログラムとフリー、それぞれで「私のツボ」を書いてみました。

難しいジャンプの前後に濃密に入っているトランジション、そして圧倒的な助走の少なさと足さばきの密度の高さに何よりも目を奪われます。

ショートプログラムは、プログラム全編にわたっての足さばきが、バックの曲の音符やリズムとピッタリ一致していることが本当に素晴らしい。

フリーは、ジャンプの難度を大幅に上げただけではなく、「トランジションも削らない。いや、むしろ新しいターンやステップを、もっと濃密に入れていく」という、非常に強い意志を感じました。

さらに言えば、ショートプログラムからもフリーからも、「上半身の動きはより力強く。しかし、ひざから下はさらにシャープに、かつスピード豊かに」という、明確なテーマを感じたのです。

このふたつが、羽生自身が目指すレベルで「完成」したら、プログラム全体から受け取るエネルギーの大きさはいかばかりになるのか……。

単純に「難しい技を増やした」というだけではない、「パフォーマンスの熱量」の大きさが、ちょっと想像もつかないレベルに行ってしまうのではないでしょうか。

私は、こういった「技術」に裏打ちされた「熱量」というものが、本当に好きで、これこそを「表現力」と呼ぶのではないか、とも思っています。

次の章では、その「表現力」や「芸術性」について、私なりに思うことを書いていきたいと思います。

第2章　「表現力」「芸術性」とは何か

そもそも「表現力」「芸術性」とは何か?

フィギュアスケートを報じるテレビ番組、新聞や雑誌の記事、ネット媒体でのコラムなどで、よく耳にしたり、目にしたりする単語が「表現力」、または「芸術性」です。

「なんとなくわかるような、でも、わからないような……」

と、お思いの方も多いのではないでしょうか。

実を言うと、私もそのひとりです。

その定義が曖昧で、なんと言うか、「実体」をつかみにくいのです。

かつての名選手で、現在は解説などで私たちにスケートの魅力を広めてくださっている方々が、この言葉を使うのは理解できるのです。

世界の第一線で活躍を続けてきたスケーターは全員、「これが私のスケート」「これが僕のスケート」という、ある種の理想像を明確に持っている。私はそう確信しています。

その理想像に向けて、小さいころから一心に自分と向き合い、自分を追い込んできた方々です。「表現力」や「芸術性」に関しても、確固たる「正解」をお持ちのはずです。

それぞれの「正解」に向かって自分を高めてきたからこそ、それぞれの素晴らしいスケートにたどり着いたのです。

かつての名選手たちが「表現力」「芸術性」と言うとき、その方々の現役時代の素晴らしい演技を自動的に思い出すことができます。どんなスケーティングで、どんな振り付けで、どんなふうに音楽と同調し、どんな表情でパフォーマンスをおこなっていたかが鮮明に浮かんできます。

そうすると、

「彼ら、彼女たちにとっての『表現力』『芸術性』とは、どういうものなのか」

が、なんとなくではありますが、イメージできるのです。

私がクエスチョンマークを浮かべてしまうのは、私と同じ立場の人に対してです。

つまり、「言葉を使うプロ（私は「プロ」と言ってもその端くれですが）で、かつ、競技歴がない人」が発する、「表現力」や「芸術性」という言葉。

その定義が、どうもよくわからないのです。

個人攻撃をする意図は一切ないのでその書き手の名前は出しません。また、引き合いに出された選手たちも非常にお気の毒だと思っているので、そのスケーターの名前も伏せますが、

「○○選手は××選手と比べて芸術性に欠ける」

「△△選手のスケートこそ、アート」

と読めてしまいそうな表現に、私は疑問を感じてしまうのです。

○○選手も××選手も△△選手も、昔で言うところの「芸術点」で高い評価を受けている選手です。

「では、ジャッジのほうが間違っていると言いたいのだろうか？」

と考えてしまうこともあります。

「表現力」とか「芸術性」というものは、とかく「主観」で語られがちである。それは事実だと思います。ただ、フィギュアスケートが「スポーツ」であるならば、スポーツとしての「採点」や「評価」には、ちゃんと理由や裏づけがあると私は思っています。

私も「美しいスケート」は大好きです。ですから、この章では、「審判ではないけれども、このスポーツを愛している者、かつ言葉を使う者」として、可能な限り客観的であろうと努めながら、「表現力」「芸術性」というものを考えていきたいと思います。

「芸術点」は過去の概念？

「芸術性」という言葉で、真っ先に連想するのは、旧採点システムです。

かつてフィギュアスケートは「テクニカルメリット」（技術点）と「アーティスティックインプレッション」（芸術的印象点）という、ふたつの項目で採点されていました。

ショートプログラムの場合、サラエボオリンピックまではふたつの名称は同じでしたが、カルガリーオリンピックでは「リクワイアードエレメンツ」（求められている要素点）と「プレゼンテーション」に変更されていたのを覚えています。「プレゼンテーション」は「演技点」と訳すべきでしょうか。ただ、これも「芸術的印象点」と同じ項目と考えていいと思います。

そして、現在の採点システム。フィギュアスケートファンの方には説明するまでもありませんが、「テクニカルエレメンツ」と「プログラムコンポーネンツ」のふたつを合計した得点で順位が決まっていきます。

「テクニカルエレメンツ」は、ジャンプ、スピン、ステップ、そのひとつひとつの難しさと出来栄えを採点していきます。これが「技術点」「求められている要素点」に相当するものです。

対して「プログラムコンポーネンツ」は、次の5つの項目で採点されています。

1　スケーティングスキル（スケート技術）
2　トランジション（つなぎ）
3　パフォーマンス（演技）
4　コンポジション（構成）
5　インタープリテーション・オブ・ザ・ミュージック（音楽の解釈）

プログラムコンポーネンツは、「演技構成点」と呼ばれています。「芸術的」という言葉でまとめることができないほど、細分化された採点システムになっているわけです。

プログラムコンポーネンツの5つの項目のうち、「スケーティングスキル」と「トランジション」に関しては、第1章で私なりの「見方」を書きました。

このふたつが、昔で言うところの「技術点」ではなく「芸術的印象点」に入っているわけです。これは本当に重要な点だと思います。

「演技構成点という名前をつけたからには、演技を構成するスケーティングの質や、その組み合わせの複雑さが、より大切になりますよ」

という主張がはっきり感じられる。昔よりも「採点基準の明確さ」を目指した採点システムになったと私は感じているのです。

残りの3つをなるべく簡単な言葉で表現すれば、「パフォーマンス」は演技としての完成度を、「コンポジション」はプログラム全体の調和や完成度を、「インタープリテーション・オブ・ザ・ミュージック」は使用している曲と演技がどのくらい融合しているかを見るもの。私はそうとらえています。

現在は、「芸術的印象」でくくっていた時代よりもはるかにクリアな視点で、

「滑りの質と、演技的・音楽的な要素が、どのように高い次元で融合しているか」を、ジャッジは見ているのでしょう。

フィギュアスケートの「芸術」とは

「芸術的印象点」「演技点」という、ある意味で「曖昧」、別の言葉で言えば「自由度の高い」概念の、旧採点システムだからこそ生まれた名演技もたくさんありました。

例えば、演劇的なドラマティックさや、物語の主人公を演じることにフォーカスを絞った演技……。

そんな視点で見た、私にとってのベストは、1988年カルガリーオリンピックの女子シングルのチャンピオン、カタリナ・ヴィットのフリー（Katarina Witt 1988 Olympics FS）の、伝説の『カルメン』（ビゼー作曲）。そして、1998年長野オリンピックの男子シングルの銅メダリスト、フィリップ・キャンデロロのフリー（Philippe Candeloro 1998 Olympics FS）。『三銃士』のダルタニアンをこれ以上ないほど鮮烈に演じました。

バレエを究め、氷上に持ち込んだのは、1994年リレハンメルオリンピックの女子シングルのチャンピオン、オクサナ・バイウルのテクニカルプログラム（Oksana Baiul 1994 Olympics TP／当時はショートプログラムをこう呼んでいました）。

どれも、うっとりするほど素晴らしい作品です。


ただ、ずいぶんと時間が経《た》ってから教えられたこともあります。2000年代中盤に入ると、海外のテレビ局によるオリンピックや世界選手権の中継映像が、動画投稿サイトにアップされるようになりました。カタリナ・ヴィットの『カルメン』が、アメリカのテレビ局ではどのように報道されていたかを例にとってみます。

演技の冒頭、「アラゴネーズ」を使った、ドラマティックなパート。トリプルトウをふたつ、トリプルサルコーをひとつ、ダブルアクセルをひとつ入れ、アームが非常に美しいレイバックスピンまで、隙のない演技が続きます。

そして曲が「ハバネラ」に変わり、ヴィットの妖艶さを「これでもか！」とアピールするパートが始まります。

それは本当にすさまじいばかりの美しさなのですが、これを見ていたアメリカの解説者、

ディック・バトン氏（オリンピック男子シングル2連覇を果たした元スケーター）は、

「これはスケートの能力を見せているのではなく、ポーズをとっているだけ」

と、バッサリ斬って捨てたのです。

実は『カルメン』は、ヴィットと金メダルを争っていたアメリカのデビ・トーマスのフリー（Debi Thomas 1988 Olympics FS）でも使われていて、日本のメディアも「カルメン対決」という煽り文句で盛り上がっていました。もしかしたらディック・バトン氏にも同じアメリカのトーマスの援護射撃をしたい気持ちもあったのかもしれませんが、

「そういう見方もあるのか。言われてみれば、確かにそうだ」

と、納得する私もいたのです。

「芸術的な側面を強調するのであっても、滑ってこそフィギュアスケート」

という、北米の強烈な主張、強烈な哲学を、バトン氏のコメントから感じた、といいますか……。

そんな「哲学」を体現していたのが、素晴らしいスケーティングスキルで、プログラム全編にわたってエフォートレス・スケーティング（余分な力がまったく入っていない、スムー

ズなスケーティング）を披露し女王の座についた、アメリカのミシェル・クワンなのかもしれない。そんな想像をしてみるのも、楽しい経験でした。


同じ観点から、もうひとつ。

キャンデロロが演じた『三銃士』のダルタニアンは、プログラム後半のストレートラインステップが見どころです。剣術の動きをふんだんに取り入れた、非常にドラマティックな構成。オリンピックの会場も大いに盛り上がりました。

このステップについて伊藤みどり氏は、そのドラマティックさを絶賛しつつ、「ステップ自体は簡単なものなんですけどね」と、あの愛らしい口調で話していたのです。

「なるほど。『どう踊っているか』、『どう演じているか』以上に『どう滑っているか』を見ている人たちには、そういうふうにも見えるんだ」

と、とても重要なことを教わったような気がしたものです。

スケーターとしての伊藤みどりを愛するのと同様に、私は解説者・伊藤みどり氏にもこよなく感謝をしています。

もしかしたら、新採点システムは、そういった「滑ってこそフィギュアスケート」という、スケーターたちの「哲学」から生まれたのかもしれません。

語っているのは、上半身かスケート靴か

羽生結弦のコーチ、ブライアン・オーサー氏はカナダ人。オーサー氏はまず、羽生にスケーティングの基礎を徹底的に教えることから始めたそうです。

羽生のプログラム全編にわたっての足さばきが、年々どんどん複雑に、エフォートレスになっていくのを、私は観客として目撃してきた。私は一ファンとして、その進歩に驚きつつ、大きな喜びを感じてきました。

「上半身ではなく、まずスケート靴のエッジが『表現』をしている。雄弁に語っている」というイメージに変わっていったのです。

同じことを私はパトリック・チャンのプログラムにも感じています。

もちろん、「羽生やチャンは、上半身の表現がお留守になっている」と言いたいわけではありません。

使用する曲のイメージや曲想によって、ふたりとも変えてきていますが、基本的にチャンは「ピシッとしたメリハリと、しなやかさ」が同居するアームの表現、羽生は「軽さや柔らかさと、しなやかさ」が同居するアームの表現が特徴的です。それぞれのスケーティングの持ち味にぴったり合っているのも、さすがです。

かつ、「スケーティングは厳密な体重移動でおこなうもの。腕を含めた上半身の動きによって勢いやスピードを出しているのでは決してない」ことが、はっきりわかるわけです。

私が言いたいのは、次のようなことです。

例えば、「人間ができること」を「10」と設定します。そんな条件のもとで、羽生やチャンは「エッジが表現できること：上半身が表現できること」の比率を「9：1」くらいにしている。人間である以上、その比率を、「9：2」とか「9：3」、合計で「11」や「12」にすることはできない……。

私にとっては、そんなイメージなのです。

この比率は、選手によって変わってきます。

「この選手は8：2くらいかな」とか「この選手は、うーん……7：3！」という感じで私なりに考えながら、それぞれの選手の演技を見るのが本当に楽しいのです。

「変えられないもの」と「変えられるもの」の違いとは

もうひとつ、つけ加えるなら……。

「人間ができることを10としたら、それを11や12にすることはできない」

けれども、それと同時に、

「彼らが、それぞれオリジナルの比率で勝負した『いまできる最大限のこと』。そのスケールは、年々大きくなっていく」

という事実もある、ということです。

その事実を、年を追うごとにはっきり確認できる喜びがあるのです。

第3章で詳しく書いていきますが、羽生結弦の「いまできる最大限のこと」のスケールも年々大きくなっています。その「段階的な成長」を見られることは、私にとってフィギュアスケート観戦の醍醐味《だいごみ》なのです。

「いまできる最大限のこと」の大きさは、トップ選手同士であっても微妙に違う。また、ひとりの選手の同じシーズン中の演技でも、ミスがかなりあった試合とパーフェクトにできた試合とでは、その大きさが変わってくる。

そんな中で、審判たちは、

「その選手が、その試合でどれだけの『大きさ』のものを出せたか」

ということを、旧採点システムの時代よりも細分化された視点からジャッジしている。

私はそう感じています。

ふたりの選手がどちらもパーフェクトに演技を完遂できても、プログラムコンポーネンツに差が出るのは、「それぞれの『いまできる最大限のこと』に、微妙な差がある」ため。

拮抗《きっこう》しているふたりの選手のどちらかにミスが出た場合、プログラムコンポーネンツにより大きな差が出るのは、

「ミスをしたときは、単に技術点だけにマイナスが出るのではない。スケーティングやトランジション、音楽の解釈などの面でも、『ミスをした時間』『そのミスのリカバリーやフォローをしている時間』の分、ゆるみが出ている。加えて、ミスによって集中をそがれた状態で、音楽と向き合っている……。そう審判に判断されている」

こういった理由によるものかな、と思いながら、私は試合を観戦しています。

「トップ選手同士であっても微妙に違う」と先ほど書きましたが、「その『微妙な差』を判断しなくてはいけない審判たちは、本当に大変だわ」と思いながら、選手たちそれぞれが見せてくれる「いまできる最大限のこと」を、胸を躍らせて観戦しているわけです。

上半身が表現しているとき、スケート靴の動きは？

私は可能な限り、「選手同士を比較する」ことをしたくありませんが、ここでひとりの選手を例に挙げることをお許しください。

ロシアの男子シングル選手、ミハイル・コリヤダです。

コリヤダの２０１６年世界選手権のフリー（Mikhail Kolyada 2016 Worlds FS）は、ジャンプもノーミスで、会場も大きな盛り上がりを見せました。

「これからますます伸びていく選手」の演技として、とても素晴らしかった。その大前提のもとにお話しします。

このコリヤダのフリープログラムは、「エッジが表現できること：上半身が表現できること」の比率が、私にとっては「7：3……それとも6：4かな。その中間くらいかな」というイメージでした。

このプログラムは、ラスト1分あまりの部分にステップシークエンスとコレオシークエンスを入れている構成です。つまり演技開始から3分30秒ほどは、ジャンプとスピンをトランジションでつないでいるわけです。

その3分30秒の間、コリヤダは、使用曲『ナイトメアー・ビフォア・クリスマス』（ティム・バートン原案の映画の音楽です）の世界観にマッチした、ちょっとおどろおどろしい、しかし非常にキュートな振り付けをふんだんに盛り込んできました。その個性的な味わいは実に楽しかった！

ただ、コリヤダの腕や上半身がキュートに動くとき、その動きはあくまでも「腰から上の振り付け」が多かった、ということも感じました。

「上半身を使った印象的な振り付けをしているときのエッジが、止まっている状態だったり、両足滑走だったり。片足で滑っているにしても、エッジの切り替えや左右の足の踏み替えが少ない」

という部分が、トップ中のトップの選手たちに比べて目立ったのも事実です。「上半身の振り付けが、エッジと連動していない」と言いますか……。

「そのあたりが今後さらに上を目指すための課題になるかも」

と感じながら、コリヤダの演技を堪能《たんのう》していました。

ただ、さすがコリヤダも才能豊かな選手のひとりです。平昌シーズンの初戦、ロシア杯(2017 Rostelecom Cup FS)では、両足滑走も、「片足で滑ってはいるけれど、やや単調かも」と思える箇所もグンと減り、全体的なスピードもはるかに増していました。

コリヤダの「いまできる最大限のこと」が、2シーズン前と比べて、別人のように大きくなっていたのを感じ取ることができたのです。

「選手の段階的な成長を感じたい」私にとっても、本当に嬉しい驚きでした。

ジャンプで3回の転倒があったにもかかわらず、ノーミスで通せた2016年世界選手権のフリーよりも、プログラムコンポーネンツで4点以上の上乗せがあったのは、そういう部分が評価されたのだと思います。

ロシア杯から2週間後の中国杯のショートプログラム（2017 Cup Of China SP）は4回転ルッツの素晴らしい高さ、着氷の美しさが大きな話題になりました。しかし私はそれ以上に、「上半身の振り付けとエッジの切り替えが、はるかに高いレベルで一体化するようになった」ことに大きな拍手を送っていたのです。

「登場人物」になるか、「音楽」になるか

先ほどお話しした通り、私はヴィットの『カルメン』やキャンデロロの『三銃士』が大好きです。それらは「物語世界を演じるプログラム」であり、「物語の登場人物になりきってしまうほどの演技力を持つプログラム」です。

オクサナ・バイウルの『黒鳥』も、バレエのテクニックを駆使して、『白鳥の湖』のオディールになりきってしまうようなプログラムでした。

ただ、本当に魅力的なプログラムは、そういった種類のものだけではありません。

私にとって、もうひとつの魅力的なプログラムは、「音楽そのものになりきってしまうようなプログラム」です。

「エッジが表現できること」の比率を非常に高くしたうえで、そのエッジワークのほとんどが、曲のリズムや音符と見事にシンクロしている。そんなプログラムから、私は「音楽そのものとの濃密な一体感」を受け取ります。

ちょっとポエムな表現になってしまいますが、

「氷は大きな楽器。その大きな楽器を演奏する『指』や『弓』や『バチ』に相当するのが、エッジ」

とでも言いましょうか……。

素晴らしいバレエダンサーや素晴らしい役者の、体の動きや演技力。それはまぎれもない「芸術」です。

素晴らしい演奏家の、指や弓のさばき方、バチの操り方。それは「技巧の極致」でありながら、同時にまぎれもない「芸術」である。私はそう思っています。

「この曲はスピーカーから流れてきているのではなく、エッジが演奏しているのかも」と錯覚を起こさせるほどの「何か」を感じるプログラム。そういったプログラムの、現時点（２０１７年12月10日）での究極を、現役選手の中から選ぶなら……。

ショートプログラムは、第１章で挙げた羽生結弦の２０１７年オータムクラシック、ショパンの『バラード第１番』、フリーはパトリック・チャンの２０１６年四大陸選手権（Patrick Chan 2016 4CC FS）、ショパンの『革命～24の前奏曲第４番～スケルツォ第１番』になるでしょうか（ただ、このチョイスは、私がクラシックのピアノ曲が大好きであることとも関係していると思います）。

選手の個性とは、プログラムの個性とは

もちろん、羽生結弦も、どのプログラムでも「音楽そのものになりきる」という表現スタイルをとっているわけではありません。この平昌シーズン、フリーで使用している曲は、安倍晴明《あべのせいめい》を題材にした映画『陰陽師』のサントラを編集した『ＳＥＩＭＥＩ』です。

この作品で、羽生は能や狂言のエッセンスも取り入れながら、明確に「安倍晴明」を演じています。もちろん、すべての足さばきを、音楽の音符やリズムと同調させながら。

先ほどの「比率」をもう一度持ち出せば、「登場人物になりきるか：音楽そのものにな

りきるか」の「比率」が、ショートプログラムの『バラード第1番』とフリーの『SEIMEI』でははっきりと違う、ということです。


「登場人物になりきるか：音楽そのものになりきるか」

「エッジが表現できること：上半身が表現できること」


このふたつのブレンド具合が、それぞれの選手の、それぞれのプログラムの個性になる、と私は思っています。

「それぞれの選手の、それぞれのプログラムの個性」

を、第1章の言葉で言い換えると、

「各選手のトータルパッケージのありよう」

ということになります。


現役の選手同士を比較するのではなく、ひとりのレジェンドスケーターの、ふたつの演技を比較してみましょう。

カタリナ・ヴィットの『カルメン』は、先ほどもお話しした通り、「演劇的なドラマティックさや、物語の主人公を演じることにフォーカスを絞った演技」という意味では、私にとって旧採点システム時代のベストプログラムのひとつです。

しかし、私にとって、カタリナ・ヴィットのナンバーワンのフリー演技は『カルメン』ではありません。その前年、ヴィットが21歳のときに演じた、１９８７年世界選手権のフリー（Katarina Witt 1987 Worlds FS）の『ウェストサイド・ストーリー』こそ、ヴィットのベストスケートだと思っています。

私の見方では『カルメン』は、

「登場人物になりきるか：音楽そのものになりきるか」の比率が「８：２」

「エッジが表現できること：上半身が表現できること」の比率は「５：５」

といったところでしょうか。

対して、『ウェストサイド・ストーリー』は、

「登場人物になりきるか：音楽そのものになりきるか」の比率が「６：４」

「エッジが表現できること：上半身が表現できること」の比率は「7：3」だと個人的に思っています。

そして、私にとっては次のことが何よりも重要なのですが、「いまできる最大限のこと」は、『ウェストサイド・ストーリー』のほうが歴然と大きかったわけです。

単に、

「『カルメン』は、トリプルループがダブルループになった。『ウェストサイド・ストーリー』ではトリプルループも決まって、ノーミスの出来だった」

というだけに収まらない、プログラム全体の密度の差を感じます。

ディック・バトン氏が喝破したところの「ポーズ」にあたる部分が、『カルメン』とは比較にならないほど少ない。『ウェストサイド・ストーリー』で、ヴィットは文字通り、滑り続けながら踊っていた。滑り続けながら演技をしていたのです。

「演じること」だけに集中する時間を多めにとっていた『カルメン』より、演劇的要素が少ないのは、ある意味で当たり前のこと。しかし、「フィギュアスケートのプログラム」

としては、私は『ウェストサイド・ストーリー』のほうに迷いなく軍配を上げます。『カルメン』は、たとえて言うならば、「全盛期の華を失いつつある大女優が、最後の気力を振り絞って、舞台の上で壮絶に輝いた」という感じでしょうか。

ですから私は、ヴィットの『カルメン』を思い出すとき、一緒に思い出すのは、スケートのプログラムよりも、むしろ「大女優が、『ピークが過ぎた』と言われていることを逆手にとって、壮絶な名演技を見せた映画」のほうが多いのです。グロリア・スワンソンの『サンセット大通り』だったり、ベティ・デイヴィスの『イヴの総《すべ》て』だったり……。

読者の皆さんの中には、

「21歳から22歳にかけて、ヴィットってそんなに力が落ちたの？」

と不思議に思う方もいるかもしれません。ただ、「ヴィット好き」として援護射撃をさせていただくと、当時と現代では、スポーツ医学の充実ぶりがまったく違います。ケガの治療法、疲労の回復法も、この30年の間に次々と新しいものが生まれている。30年前のアスリートの選手生命が、現代のアスリートと比較して短かったのは、致し方ない部分もあるのです。

2018年の平昌オリンピックは、出場する選手たちが全員、「去年の自分より、『いまできる最大限のこと』が大きい！」と感じられるような試合展開になってほしい、と強く思います。「私の観戦の楽しみのため」ではなく、「選手自身の喜びのため」に。

私は「アップデート」できているか

審判たちは、ひとりひとりの選手たちの演技を厳密にジャッジしていきます。「芸術的印象点」という大きな枠ではなく、「プログラムコンポーネンツ」の5項目に分けてジャッジしている。大変な任務だと思います。

旧採点システム時代、大きな大会における審判は、9か国からひとりずつ、合計9人が選ばれ、「技術点」も「芸術的印象点」も、各審判が自らのジャッジで採点していました。

A選手とB選手がいて、その9人の審判の過半数（5人以上）が「A選手が1位だ」と評価すれば、A選手が1位になる。そんなシステムでした。

ただ、このシステムでは、例えば「アメリカ人のA選手とカナダ人のB選手が金メダルを争っている競技会の審判団に、アメリカ人の審判はいるが、カナダ人の審判はいない」という状況になったとき、有利・不利が発生しかねない。両者の演技内容が拮抗した場合、「自分の国の選手を上にしよう」という判断が下される可能性があるからです。

そうした「審判の主観性」を可能な限り排除するために、現在の採点システムが構築されました。

採点システムも、アップデートされていまがあるわけです。

フィギュアスケートは、スポーツとアートの融合である……。そういった考えには、私も賛成です。ただ、それを口にするからには、「アートに対する感覚の幅広さ」は当然、問われてくる。大いなる自戒とともに、私はそう考えます。

私にも、「好み」というものはあります。

絵画ならゴッホよりもクリムトが好き。映画ならハリウッドよりもフランスを中心としたヨーロッパ全般の作品が好き。クラシック音楽ならプロコフィエフよりもラフマニノフが好き……、そんな人間です。

フィギュアスケートの競技会は、たとえるなら、ゴッホ的な作品を出してくる選手も、クリムト的な作品を出してくる選手も、ルノアール的な作品を出してくる選手もいるわけです。ハリウッド映画的な作品で勝負する選手も、フランス映画のような味わいを出してくる選手も、アジア映画的な美意識を込めた作品を作り出す選手もいる。

それぞれが、ルールの中で、さまざまな「トータルパッケージ」を出してくる。それも、フィギュアスケートというスポーツの楽しさのひとつだと思っています。

そんな選手たちの「作品」を見るとき、私は、自分の好みを優先するのではなく、ゴッホ的な作品に込められた、ゴッホ的な緻密さや美しさ、世界観を感じ取りたい。アジア映画やハリウッド映画的な作品に込められた、フランス映画とは違う身体表現や感情表現や、美しさを感じたいのです。

そして、それぞれの選手たちがそれぞれの世界観の中に組み入れてきた「スポーツとしての難易度」に感嘆したいのです。

旧採点システム時代の感覚が抜けないまま、観戦して、批評をする……。「上半身が表現できること」のほうにどうしても目が行きがちになってしまう……。かなり昔からフィギュアスケートを見てきた人なら、大なり小なりそういう部分があるのかもしれません。私だって、その感覚は充分、理解できます。むしろ、いまの私にもそういう部分が残っている可能性は大いにあります。

しかし、自分が大好きなスポーツがアップデートされているわけですから、私も、自分の感覚を可能な限りアップデートさせて、競技を観戦したい。アップデートさせた感覚で、語りたい。

そんなふうに思いながら、スケーターたちが「表現していること」を感じたい。常々そう思っています。

「アート」という言葉には、「芸術」という意味だけでなく、「人間によって作り出された技巧。熟練性」という意味もあります。

私は、その両方の意味で「スケーターのアート」を感じたい。

選手とそのコーチが、

「これが、いまできる最大限に難しく、かつ美しいものである」

と、全力で出してきた「アート作品」を感じたいのです。

第3章　羽生結弦の名プログラム　ここがすごい

この本を手にしてくださった多くの方々と同じく、私も一スケートファンとして、羽生結弦が節目節目で驚異的に成長していく様子を目の当たりにして、興奮や感激に浸ってきた人間です。

選手の段階的な成長を感じることができるのは、フィギュアスケートに限らず、そのスポーツを長く見ている人間にとって大きな喜びです。

羽生結弦の、どの大会のどの演技で、私が感嘆のため息をもらし、うなり、拍手してきたか。羽生の、どういった「成長」を、どのように喜び、感動してきたか。この第3章では、それらを競技会ごとに書いていきたいと思います。

「現在の羽生結弦と比べて、どうなのか」という書き方は、なるべくしないように心がけています。

15歳、16歳、17歳……。ひとりの若いスケーターが、そのときどきでどのようなチャレンジ精神を持ち、自分にどのようなテーマを課し、壁を越えてきたのか。

リアルタイムで見ていたときの感慨を可能な限り思い出し、私が感じた「段階的な成長」を記していけたらと思います。

読んでくださる方と何かしら共有ができる箇所。あるいは、「そこには目が行っていなかったけれど、言われてみれば理解できる部分もある」と思っていただける箇所。そのどちらかが、少しでもありますように。

まずは、ジュニア選手の羽生が、最初に「大化け」したプログラムから……。

◎2010年世界ジュニア選手権　フリー (2010 Jr. Worlds FS)

中学3年生で、ジュニアの世界選手権で優勝した羽生。18歳までの選手がジュニアのカテゴリーで戦っています。しかも、ジュニアは、1年1年の成長のスピードが非常に速い。同じ選手が、15歳と16歳では別人のようになるのも珍しくはありません。そんなジュニアの世界で、「15歳で優勝」は非常に早いものです。

実際、1年前の同じ大会に14歳の羽生結弦も出場していますが、「そのときと比べ、何から何まで急成長したなあ」と、テレビを見ながら拍手を送っていました。

2009年世界ジュニア選手権のフリーと同じ、ラフマニノフの『パガニーニの主題による狂詩曲』を使ったプログラム。この年齢の日本の男子ジュニア選手が、「ラフマニノフの旋律に似合うような、体の動きを身につけている」ことに、私は何より驚嘆したのです。

「大人になったとき、どんな曲であっても『自分のものにする』ことができる選手になるはず」

と感じたものです。

なめらかに、たおやかに、動きを切れ目なくつなげていかなくてはいけない曲。しかもラフマニノフの曲には、いかにもロシア的な重厚さもあります。

バックグラウンドにクラシック音楽やバレエという要素を持っていない日本人。その日本人の、しかも少年が、この曲で滑る難しさを、私はまず思いました。

また、思春期の年齢で、こういった曲の世界に入り込むことに照れがある男子も多いものです。もしかしたら、ミドルティーンの男子が「音楽を表現する」うえで、いちばん高い壁になるのは、これかもしれません。

そういった、さまざまな方面の難しさを取り払うために、コーチの果たす役割は大きい。

本来ならば、羽生の歴代のコーチたちについて私があれこれ言ってはいけないのですが、この時期に羽生を育てていた阿部奈々美氏の手腕には感服せざるを得ません。

阿部氏は、羽生結弦のプログラムの振り付けもおこなっていました。振り付けの指導を通して、ジャンプやスピン、ステップと同じくらいの重要な「何か」を、羽生結弦に染み込ませた人……。

私は阿部氏を、そんな方だと思っています。

では、演技要素の順番通りに、私の「ツボ」を記していきます。

●最初のポーズで、前に出した右足全体が体の内側にグッと入り、つま先からかかとまで、エッジの内側全体が横向きで見えている。足がほぼ180度外側に開いていることに驚きました。

ナチュラルタレント（持って生まれた才能）の部分もあるでしょうが、もともと女子に比べて関節の柔軟性が劣るはずの男子が、このポーズを自然にとれるようになるには、バレエ的な鍛錬がかなりの量、必要だと思います。

2009年のときと同じスタートのポーズだったはずなのですが、私の見る目の甘さか、そのときは気づけませんでした。

「日本のジュニアの男子選手で、ここまで柔軟な関節を持っている選手がいるんだな」

と思ったのは、この2010年が初めてだったかもしれません。

そんな驚きとともに、

「この選手なら、イーグルやイナバウアーのように、左右のエッジを180度に開いていくムーヴス・イン・ザ・フィールドもさらに磨かれていくだろう」

と感じたものです。

第2章で、バレエ的な鍛錬による上半身の動きのことを書きましたが、「バレエ的な鍛錬は、下半身でもそのレベルがわかる」というのが私の持論です。

●演技が始まってすぐのツイズルで、15歳という年齢を考えたら非常になめらかに滑ることができることを確認。

●トリプルアクセルの高さと、着氷の安定感。そして着氷後の流れ（フロー）が素晴らしい。この完成度の高さには、本当に驚かされました。

スピードのある助走から、「力」ではなく完全に「タイミング」で踏み切り、まったく回転不足のない状態で着氷。ひざの柔軟性を見事にいかしたフローゆえに、着氷した後のほうがスッとスピードが速くなる感じです。

この本を執筆中の2017年の終わりになってこれを言うのは後出しにもほどがあるとは思うのですが、

「15歳でこの着氷ができるなら、極めて近い将来、着氷前だけでなく着氷後にもトランジションを入れられるようになるかも」

と感じたものです。

●トリプルルッツのエアリーで余裕充分な着氷に、両手タノのダブルトウを入れたコンビネーションも、とてもいい出来栄え。

●スタート前のポーズで、「イーグルやイナバウアーがすごく上手になるかも」と推測していましたが、ここでインサイドのイーグル。

●フライングシットスピンの回転の速さ。加えて、上半身のどこにもエクストラな力を入れていないのに、いつの間にかチェンジエッジしていて、チェンジエッジ後のほうがむしろスピードが上がっているようにさえ見える。

●トリプルループの着氷の流れから、ダイレクトにサーキュラーステップシークエンスに入る。ジュニアながら、非常に野心的なプログラムだと思います。

●2本めのトリプルアクセルの、目を見張るほどの大きさ。ちょっと大きすぎて着氷の際に後ろに体重がかかってしまったのはご愛嬌《あいきょう》でしょうか。

ただ、そんな「いい状態で降りられなかった」ジャンプでも、着氷後にエッジがしっかり流れていくのです。

15歳の段階で、非常に難しいジャンプであっても、めったに回転不足にならない。それも大きな強みです。

演技全体を振り返ったとき、15歳のジュニアがラフマニノフの曲で滑り、きちんとエレガントな持ち味を出してくるのもツボでした。

なんと言いますか、「シニアに上がったら、早々に『ジュニアっぽさ』を消すことができるのではないか」と思わせる雰囲気が備わっている、という感じなのです。

この演技を通して、私は「ジャンプの踏み切りのタイミングのよさ」と「全体的なスケーティングが、この年齢を考えたら非常にスムーズ」であることに感銘を受けました。

トリプルフリップだけは、踏み切り時のエッジの矯正《きょうせい》まっただ中（本来はバックインサイドのエッジで踏み切るべきフリップが、軽めではあるもののバックアウトサイドのエッジで踏み切りがちだった）ゆえに、やや緊張した踏み切りと、詰まった着氷にはなりましたが、ほかのジャンプは、本当に踏み切りのエッジも自然で力みがなく、着氷後の流れが素晴らしかった。

ジュニア時代の1年は、シニア時代に比べて伸びるスピードがはるかに速いのは、多くの選手に共通することだと思います。

それを踏まえたうえでも、「1年前の２００９年世界ジュニア選手権と比べて、別人レベルの変貌を遂げた試合だった」と言いたいと思います。

◎２０１１年四大陸選手権　フリー（2011 4CC FS）

このシーズンからシニアに参戦。高校1年生でシニアに進むことになりました。

使用曲は、サラサーテの『ツィゴイネルワイゼン』。

この曲を使用しているという時点で、羽生自身もコーチも、大きなチャレンジをしている真っ最中なんだな、と確信しました。

『ツィゴイネルワイゼン』は私も大好きなクラシックの名曲ですが（ジノ・フランチェスカッティのバイオリン演奏によるものが特に好きです）、後半の「速さ」がすさまじい。つまり、スケーターが疲労困憊《ひろうこんぱい》の状態になるプログラム後半に、いちばんの「盛り上がりどころ」が用意されているわけです。

まだジュニアにいてもいいはずの年齢のスケーターにとって、これは非常にハードルの高い選曲だと思います。

ただ、前年のラフマニノフの『パガニーニの主題による狂詩曲』同様、「この曲で踊れる選手、この曲の世界に入れる選手を、10代半ばの段階から目指す」という目標は本当に素晴らしいと感じたものです。

また、男子でこの年齢でシニアに移行するのも、かなり早いタイミングだと思います。

女子選手は、10代中盤までに身につけたジャンプやスケーティングのテクニックを「磨き上げる」ことで、シニアの世界でも伸びていく傾向があります。

女子は、スポーツ選手としての体が完成する時期が早い。それは「ピークが男子よりも早く来る」ということでもあります。

対して男子は、11～12歳くらいから16～18歳くらいまでは体が「完成」せずに、「成長」を続けていきます。

骨も「太く丈夫になる」のではなく「縦に伸びていく」時期。筋肉のつき方も大きく変化していく時期でもあります。大人と同じことをやっていては、ケガにつながる場合も多いのです。

また、身長が急激に伸びることで、「全身の体重移動やバランス」で成り立っているスポーツは、それまでに身につけた「感覚」が失われる場合もあるのです。

ジュニアの世界で素晴らしい成績をおさめた選手が、必ずしもシニアの舞台でも大活躍するわけではない……。

そういう現実は、フィギュアスケートに限らず、体操競技やテニスなどでもよく見られます。


ですから私も、「羽生結弦がシニアに移行」のニュースを聞いたときは、

「ちょっと早すぎるのではないか。とにかくケガをしなければいいけれど……」

と思っていました。

いまでこそ、私も羽生結弦の「もっと上を目指したい」というハングリー精神、チャレンジ精神をよく知っていますので、

「この決断はたぶん羽生自身のチョイスで、周りに『まだ早い』と諭す人がいたとしても、首を縦に振らなかったのかもしれない」

と思うようにはなりましたが、とにかく当時は心配だった。

私にとって、２０１１年四大陸選手権は、そんな気持ちを抱えつつ観戦していた大会だったのです。

「肉親でもあるまいし、その入れ込み方はちょっと怖い」

と言われたら返す言葉もありませんが、「それだけフィギュアスケートというスポーツが好きなんだな」と思っていただければ……。

●冒頭の4回転トウ。リラックスした上半身の動きとひざの柔軟性を使い、「力」や「勢い」ではなく「スピード」と「タイミング」で跳ぶ、素晴らしい質のジャンプ。

4回転きっちり回りきり、着氷時に、まったく乱れのない素晴らしいフローを描く。すでに「熟練性」すら感じさせる出来栄えでした。

前年の世界ジュニア選手権の冒頭のジャンプ、トリプルアクセルの実施のときにも感じたことではありますが、それを4回転ジャンプでも感じさせてくれるとは！　しかもジュニア世代である16歳の男子選手が！

この1年前の、バンクーバーオリンピックの男子シングルでは、「4回転ジャンプを入れて挑戦するか。それともトリプルアクセルを最高難度の技にして、プログラム全体の質の高さを目指すか」という議論が起こっていました。ジャンプの失敗は「大きな得点源をごっそり失う」ことを意味しますし、「トリプルアクセルと4回転ジャンプは、たった半回転しか違わないのに、その難しさの差は信じられないほど大きい」という実感も、ほとんどすべてのスケーターに共有されていました。

そういった「4回転の壁」を、ジュニアから上がってきたばかりの16歳の選手が、軽々と越えてきたのです。それは同時に、「そんなに遠くない将来、『4回転を入れなきゃ勝負にならない』という時代が来るよ」という、羽生の非常にクリアな主張でもあった、と思っています。

●続くふたつのジャンプ、トリプルアクセルとトリプルフリップ（フリップはエッジがややバックアウトの踏み切りではありましたが）の着氷の見事さ。

特にフリップの着氷の瞬間、両手を広げたのが「バランスをとるため」ではなく「音楽との同調性で、さらなるニュアンスを出すため」であることがはっきりわかります。

●レイバックイナバウアーからの流れでトリプルルッツを跳ぶ。ルッツは1回転になりましたが、16歳のスケーターが、この果敢なエントランスにチャレンジすることそのものが素晴らしい。

●ストレートラインステップは、音楽とのシンクロをかなり意識して作ったのがわかる仕上がりに。バイオリンの弾けるような弦の音と細かいエッジワークを合わせるあたりは、非常に小粋でした。

また、スケーティングの一歩一歩が前シーズンよりはるかに伸びたこと、25ページの表現をもう一度使えば、「右足・左足」「フォア・バック」「インサイド・アウトサイド」の

8種類の踏み分けが明確になったことも、特筆すべき点です。

●プログラム後半、ジャンプの基礎点が10％上乗せされる時間帯に、トリプルアクセルからトリプルトウのコンビネーションジャンプを非常に高いクオリティで跳ぶ。

フィギュアスケートには「同じジャンプは2回まで跳んでOK（種類は2種類まで）。その場合、どちらかは必ずコンビネーションジャンプにすること」というルールがあります。これは「技にバリエーションを持たせなければならない」という要求でもあります。

多くのスケーターは、なるべく難しいジャンプを2回跳ぶようなプログラムを組みつつ、「同じ種類のジャンプは、その1回めの実施でコンビネーションをおこなう」という選択をします。

「1回めのいいジャンプでコンビネーションにしない。かつ、2回めのジャンプで着氷が乱れてセカンドジャンプをつけられなかったら、2回めのジャンプは『ジャンプそのもののクオリティがよくない』という減点だけでなく、『どちらかのジャンプをコンビネーションにしなかった』という減点も受ける」

「もし、1回めのジャンプでぐらついたら、2回めのジャンプでコンビネーションをつけられるよう集中し直す」

という作戦を立てているのでは、と思うのです。

2回めのジャンプをコンビネーションにするというプログラムの組み方は、「疲れが見え始めたときでも、そのジャンプは跳べる」という自信を持っているからこそ可能なものです。

「4回転の壁」を越えてみせただけでなく、「トリプルアクセルからのコンビネーションの壁」まで、16歳になったばかり（繰り返しますが年齢的にはまだジュニア世代です）の選手が越えてみせた。

当時、この演技を観戦しながら、私は「どこまで成長していくんだろう……」とつぶやいたことを覚えています。

●ただし、さすがに終盤は疲れが表面に出てきました。

その後のトリプルルッツ、トリプルループ、トリプルサルコーは、着氷がやや乱れ、スピンやコレオシークエンスは、音楽との同調に苦しんでいるのが見て取れました。コレオシークエンスは、「フォア・バック」のエッジの切り替えの少ない、わりとシンプルなステップの組み合わせで、右足で「フォア・バック」を切り替えていく部分では、明らかにエッジが走っていなかったり……という部分も見えました。

最後の「ツボ」は、何か苦言を呈しているようなニュアンスで受け取った方もいらっしゃるでしょうか。そういうわけでは決してありません。

ここで重要なのは、「この時期に、これだけの要素をプログラムに取り入れた」ということです。

羽生結弦は、このシーズンから、シニアのルールである「30秒長い演技時間」でフリーを滑っています。しかも、演技中に4回転も組み入れている。疲れて当然です。

これは私の推測に過ぎないのですが、この時期、阿部奈々美氏と羽生は、

「密度の高いプログラムを最後まで滑りきる体力をつける。そのために、追い込むプログラムを作る」

というテーマも持っていたのではないかな、と思うのです。

この「追い込み」で、かなりの実りを得たからこそ、次のシーズンにさらに「大化け」したのではないか。私はそう思っています。

◎2012年世界選手権　フリー (2012 Worlds FS)

追い込みによる実りを得て、さらに大化け……。この演技を簡潔に表現するなら、こうなるかと思います。

この年、シニアの世界選手権に初めて出場した羽生。フジテレビが夜9時台から試合を中継していましたので、「この大会で初めて羽生結弦の演技を見た」という方もかなりいらっしゃるのでは、と思います。

使用した曲は、レオナルド・ディカプリオとクレア・デーンズ主演の映画『ロミオ+ジュリエット』のサウンドトラックから。コレオシークエンスからフィニッシュまでは、イギリスの映画『Plunkett and Macleane』の音楽を使用しています。

映画『ロミオ+ジュリエット』は、シェークスピアの原作の時代設定を現代にして、さまざまなアレンジを加えた、野心あふれる激しい作品だったのを覚えています。

そして羽生の演技も、野心的で激しいものになりました。

第2章で、私は「表現には、『物語世界を演じ、その物語の登場人物になりきってしまうようなプログラム』と『音楽そのものになりきってしまうようなプログラム』のふたつがある」と書きました。

この章で取り上げている、2009~10年シーズンからの演技の中で、羽生が明確に「登場人物」を演じた初めてのものが、『ロミオ+ジュリエット』だと思います。

●最初の2~3漕ぎで、前シーズンまでとは比較にならないほどのスピードが出ている。

そのスピードの中で跳ぶ、4回転トウの大きさ、高さ。

そして、着氷後にもまったく落ちないスピードと見事なバックアウトエッジのフロー。

●トリプルアクセルを跳ぶ前のトランジション。

時計回りのターンも、よりシャープに、そして軸が確かになっている。そこから、

「右足を先に前に出し、両足のエッジをつけた状態にする。そこから、どちらの足も氷をとらえたまま、バランスを変えていきアウトサイドのイーグルへ」

というムーヴを見せ、ただちにトリプルアクセルへ。

私は、この非常に個性的な入り方、エッジのさばき方でおこなうイーグルを見た時点で、「これは面白い！」とは思いましたが、そこからまさかトリプルアクセルにつなげてくるとは思いもしませんでした。

この異常な（あえてこの言葉を使いますが、もちろん褒め言葉です）トランジションで跳んだトリプルアクセルが、またも素晴らしい着氷の流れでした。テレビを通じても羽生への歓声の大きさがはっきりわかりました。

この冒頭のふたつのジャンプで、私は「何かとんでもないことが起こりつつある」と、ますます画面に釘付《くぎづ》けになったのです。

●コネクティングステップから跳んだトリプルフリップが、きちんとバックインサイドエッジで踏み切られていた。私が思わずテレビに向かって拍手をした部分です（冒頭ふたつのジャンプのときは、呆然《ぼうぜん》としてしまって拍手するのも忘れていました）。

長年にわたって体にしみついた「踏み切り時のエッジのクセ」を、きちんとゼロにしてから、構築する。それは本当に難しいことのはずです。羽生結弦が「大技」だけに取り組んでいたわけではないことが強く伝わってきました。

●トリプルフリップの着氷からただちにおこなう、フライングで入る足替えのシットスピン。第１章の、２０１７〜１８年シーズンの『ＳＥＩＭＥＩ』のツボ解説で、トリプルアクセルの着氷からこの動きをしていることを書いていますが、こうして振り返ると、跳ぶジャンプの難度が確実に上がってきているのがわかります。

ちなみに、ジャンプからただちにフライングスピンに入るムーヴの「私にとっての元祖」はアルベールビルオリンピックの伊藤みどりのフリー（1992 Olympics FS）です。プログラムの終盤、トリプルサルコーからのデスドロップに、伊藤みどりの意地と熱い思いを感じ、涙ぐんだものです。

●「右足のフォアエッジ」で滑った後に、「左足のバックエッジ」に切り替えて跳ぶ、トリプルルッツ。ルッツジャンプの基本は、ジャンプを踏み切る「左足のバックエッジ」でスーッと滑ってきて、その左足のエッジをグッとアウトサイドに倒して踏み切る……というものですが、こういうトランジションも積極的に入れるようになっている。細かい部分かもしれませんが、確かな（しかも大きな）成長を感じます。

着氷はやや危なかったのですが、ひざのクッションと体幹の引き締めで瞬間的にカバーし、両手タノのダブルトウをつけるところまで持っていく。「テクニックに裏打ちされた執念」を感じます。

●ステップシークエンスも要素の実施順に「ツボ」を書いていきます。

■右足を軸にした時計回りのツイズルが生む「距離」の長さ。そこから右足のまま、異なった種類のターンやステップを組み合わせていく。上半身の動きも大きく使っているが、それが決して「エッジに勢いを出すために、上半身の動きを大きくしているわけではない」ことが明確。

■シットスピンのような体勢でおこなうツイズルの、1回転ごとの「距離」の出方と、4回転分のトレースが描く、大きな円周のなめらかさ。

■この後、転倒しますが、「ステップシークエンス」の終了後ですので、ステップシークエンスの採点には影響なし。「1回転倒したら、合計得点から1点減点」という、シンプルなマイナスになりました。もし、ステップシークエンスの途中で転倒していたら、ステップシークエンスのレベルが下がる減点と、出来栄え（GOE）の減点も加わっていたわけですから、結果論ですが、ホッとしました。

●本人もまったく予想していなかっただろう箇所で転倒したせいで、左ひざをかなり強く打ちつけたにもかかわらず、そこからわずかな助走だけで、左足で踏み切るトリプルアクセル、そしてすぐにトリプルトウのコンビネーション。

ここで私はテレビに向かって叫んでしまいましたが、会場の観客も気持ちは同じだったようで、聞こえてきた歓声は地鳴りのようでもあり、悲鳴のようでもありました。

●トリプルルッツからの3連続ジャンプを経て、レイバックイナバウアーへ。
上半身をそらしていくイナバウアーは、羽生がジュニア時代から使っていますが、スピードはもちろんのこと、上半身のそらし方やアームのしなやかさが格段に向上しました。ちなみに、レイバックイナバウアーは、太田由希奈や荒川静香が本当に素晴らしい使い手であることを、スケートファンならよくご存じでしょう。
●体内のエネルギーの最後の一滴まで絞り出すかのような、コレオシークエンスの激しさとパッション。前シーズンよりもはるかに上半身を大きく使い、ドラマティックなものになっていました。そこからさらにトリプルサルコー。よく着氷しました!

最後の足替えのコンビネーションスピンのときは、テレビから伝わる会場の歓声があまりに大きくて、音楽がよく聞こえない状態でした。

フィギュアスケートはルールにのっとったスポーツです。よって、この本では私の目に見えた「事実」だけを語っていきたいと思っています。なので、こういう主観的な表現は可能な限り控えめにしていますが、この演技は「観客を引きずり込む力」が尋常ではなかったと思いますし、この演技を見た方（あるいはこれから見る方）も同じ感想を持ってくださるのではないかと思います。

もちろん、「エネルギーの最後の一滴まで絞り出す」かのような、終盤の迫力に感情移入し、熱狂した観客も多かったでしょう。

そこにひとつ、個人的な考えをつけ加えるなら、

「『パガニーニの主題による狂詩曲』や『ツィゴイネルワイゼン』のような曲に、15歳や16歳で挑戦したからこそ」

と思う部分もあります。

若い選手にとって、クラシック音楽で滑るのは、例えば華やかでキャッチーな映画音楽で滑るよりも、体の動きにも感情の表出にも多くの「コントロール」が求められるように感じるのではないか。私はそう考えています。自由なダンスよりも、バレエを踊るほうが、はるかに制約が多く、コントロールを必要とするように。

しかし、私は、

「多くの『制約』の中で最大限のものを出そうと努力してきた人は、『爆発するようなパッション』も、より大きく表に出せる」

とも考えています。この『ロミオ+ジュリエット』を見ながら、

「今後、羽生結弦はますます、静かなクラシック曲でも激しい映画音楽でも、その中にある『パッション』を表現できるようになるはず」

と、震えるような感動を味わいました。

世界選手権に初出場して、3位（フリーだけを見ると2位）。多くの方々が「将来の、極めて有力なチャンピオン候補だ」と思ったことでしょう。

しかし、正直に告白しますが、私はこの時点では「ソチオリンピックの翌年くらいから、羽生結弦の時代が始まるのかな」と思っていました。

この演技のほんの7か月後に、またもや「大化け」するとは予想もしていませんでしたから……。

◎2012年スケートアメリカ　ショートプログラム　(2012 Skate America SP)

2012年の世界選手権、男子フリーが終了したのが3月31日。そこからしばらくして、羽生結弦のコーチが阿部奈々美氏からブライアン・オーサー氏に変更されることが発表されました。

ここも正直に告白しますが、このニュースに接したとき、少々不安を感じました。阿部奈々美氏は本当に素晴らしいコーチであり、羽生結弦という素晴らしいスケーターをここまで育てた立役者です(この思いは現在でも変わっていません)。

「そんな先生と離れることが吉と出るのかどうか」

そんなことを、関係者でもないくせに生意気にも思ってしまったわけです。

そして10月のスケートアメリカ。ショートプログラムで、私はまさに度肝を抜かれてしまいました。

ゲイリー・ムーアの『パリの散歩道』。70年代のブルースロック。そして中盤からラストまではジェフ・ヒーリー・バンドの『Hoochie Coochie Man』。こちらは90年代にリリースされたブルースロックです。

「17歳でブルース……。ヘタすりゃクラシック曲で滑るよりも成熟が必要になると思うんだけど……」

これが素直な感想だったのです。

ただ、そんな懸念は心地よく裏切られました。目覚しいスケーティングの進化が、「男のセクシーさ」という意味とは違う「スケーターとしての成熟」を伝えてくれるプログラムになっていました。

●演技冒頭、ほんのふた蹴りで右足のフォアエッジに乗る（ほぼフラット）。

その右足が、グインとインサイドに倒れてシャープなカーブを描く→グインとフラットめのエッジに戻るや、即座に非常になめらかにバックエッジにチェンジ→即座にグインとインサイドに倒れてカーブを描く。それだけで終わらず、一瞬だけバックアウトエッジに替わってから、もう一度インサイドに倒れ、ようやく左足のバックアウトエッジに踏み替える。

ここまでのエッジワークを、非常にスムーズに、かなりの「距離」を出して実施しているのです。あまりの驚きに息をのんでしまったほどです。

羽生結弦が、トランジションにおいても、エッジを単に「速く」「深く」操るのではなく、「緩急」や「深浅」までコントロールするようになったのを目撃した、最初の瞬間でした。

また、スタートの蹴りから左足のバックアウトエッジに踏み替えるまで、そのタイミングが曲の「雰囲気」どころではなく「音符」や「リズム」とピッタリ合っていたのです。

●その後も、最初のエレメンツである4回転トウの助走に、いつまでも入りません。ずっとトランジションが続いているのです。しかも、そのひとつひとつが、非常に大きい。

ようやく助走が始まったのは、リンクの端まで行ってから。そこからリンクの長辺をほぼいっぱいに使ってコネクティングステップを踏み、4回転トウに。

その4回転自体もこれだけ少ない助走で、しかも直前までステップを踏んでから実施したのに、高さも回転軸の細さも申し分ないうえに、ジャンプを跳ぶ直前とまったく変わらないスピードで着氷後のエッジが「流れた」というより「走っていた」。
音楽がスタートしてからここまでで、私はもう目を丸くしていました。

●バタフライからのキャメルスピンに行く直前の、アラビアンターンの大きさとシャープさ。

●プログラム後半、ジャンプの基礎点が10%上乗せされる時間帯になってからのトリプルアクセル。これもリンクの長辺を半分以上使ったトランジションを経て、カウンターから跳んでいます。

カウンターからのトリプルアクセル自体は、前シーズンのショートプログラムでも取り入れていて、そのときも本当にビックリしたのですが、この演技では、着氷後にもトランジションが盛り盛りに入っていました。

見事なバックアウトエッジで着氷した後、その流れのままにバックインエッジを入れ、もう一度バックアウトエッジに戻りながらフリーレッグを高くキック。ここまでがトリプルアクセルのトランジションとみなしていいと思います。その後も流れは止まることなく、つなぎのステップに。

カウンターからジャンプの着氷まで、ゲイリー・ムーアのギターの音符ときっちり同調させていたのも、忘れることができません。

●短い助走の後、右のひざを折り左足を後ろへと流す個性的なムーヴから、左右の足を目まぐるしく踏み替え、トリプルルッツ、トリプルトウのコンビネーション。トリプルトウを着氷した流れから、直接ステップシークエンスが始まっていく。

●ステップシークエンスの「ツボ」も要素の実施順に書いていきます。

■リンクの中央あたりまで来たところで、右足だけで異なったターンやステップを刻む箇所が、その「距離」の出方がはっきりわかるアングルで映されていたのが、個人的には嬉しかった。

非常に大きなエッジワークが音符のひとつひとつをとらえている様子がしっかり見えた

からです。

■「への字」になるムーヴの後に、ツイズルから始まる右足だけのエッジワークの組み合わせ。スピード豊かで「距離」の出方も素晴らしい。

演技が終了したとき、「たった7か月でここまで変わるものか」と、呆然としてしまったのを覚えています。

わずかな助走以外は、さまざまなエッジワークがまったくと言っていいほど隙間なく配置されたプログラム。その助走すら、「脚力」ではなく「体重移動のなめらかさ」でスピードを出すような滑りになっている。

そして、エッジワークのほとんどを、もう一度言いますが、曲の「雰囲気」どころではなく「音符」や「リズム」と同調させている。シニアの選手らしい、マチュアな（成熟した）スケーティングは、単に『パリの散歩道』というブルージーな曲を使ったことだけが理由ではないと感じたのです。

この精緻《せいち》なプログラムで、私は、羽生結弦とオーサー氏の陣営（チーム・ブライアン）から、強い主張を受け取ったように感じていました。

「難度の高いジャンプ、スピン、ステップを磨くだけでは充分ではない。それらを、どのように隙間なくつないでいくか。そのつないでいくトレースが、どんな複雑な図形を描いているか。それがフィギュアスケートである」

言葉にすると、こんな感じでしょうか。

チーム・ブライアンの手腕の見事さにただただ感服すると同時に、こういった超高密度なプログラムを滑ることができる「素地」を羽生結弦につけさせていた阿部奈々美氏にも感服した次第です。

このシーズンのフリープログラムは『ノートルダム・ド・パリ』。

私は、冬のオリンピック種目ではフィギュアスケート、夏のオリンピック種目では体操競技がもっとも好きでして、この曲が流れて真っ先に思い出したのは、ロシアの女子体操の名選手、スベトラーナ・ホルキナの、2003年世界選手権の個人総合の床運動(Svetlana Khorkina 2003 Worlds AA FX)でした。

もちろん、シングルスケーターの演技として、エレーナ・ソコロワの2003年世界選手権のフリー（Elena Sokolova 2003 Worlds FS）や、ジョニー・ウィアーの2009年全米選手権のフリー（Johnny Weir 2009 Nationals FS）も、印象深い素晴らしいプログラムだと思っているのですが……。

ホルキナの演技は、「女子体操の床運動における、技術とミュージカリティと美しさが融合した、究極の演技のひとつ」だと私は思っています。

「ホルキナの演技との比較は絶対にしないつもり。そもそも種目が違ううえ、ホルキナは女子選手だし」という私の気持ちは固い。その前提のもとに言うならば、スローからミディアムにかけてのテンポの曲で、4分30秒もの間、最初から最後まで濃密な演技を見せるのは、本当に本当に難しいことだと思います。その「本当に本当に難しい」ことに、17歳が取り組んでいる。そのチャレンジ精神が何よりもすごいと思ったのです。

もちろん、ショートプログラムと同様、「力」で滑っているところは見受けられません。ひとつひとつのエッジワークが、曲の音符と見事に融合していますし、このシーズンからは、フリーでトウとサルコー2種類の4回転ジャンプを取り入れています。また、ふたつともプログラム後半に入れたトリプルアクセルのエントランスのステップは、ショートプログラムとはガラリと種類を変えてきている。

技術的にも、多くの新しいチャレンジが盛り込まれていました。

そんなプログラムを、この時期に羽生に与える……。それは、オーサー氏が設定している「目標」が非常に高い位置にあるということ。私はそう感じたものです。

1シーズン前の『ロミオ+ジュリエット』は、確かに素晴らしかった。それは揺るぎのない事実です。

ただ、羽生自身は、そこに安住していない。「もっと成長したい」という意志を強く持っている。その羽生の意志に、北米のスケート哲学の粋を集めたようなチーム・ブライアンが返した答え……。それは、次のようなことではないかと思います。

「難しいジャンプを成功させるだけではいけない。プログラム全体として『密度の高いもの』を、4分30秒間、まったく集中を切らさずに実施しなければいけない。かつ、曲の最後の一音が終わる瞬間まで、『疲れきっている』ようにはまったく見えないよう滑りきらなくてはいけない。それがフィギュアスケートである」

私は羽生結弦のスケートが「完成」したときのことを、ますます楽しみにするようになったのです。

もうひとつ加えるなら、このシーズンの世界選手権、羽生は、ケガを抱えながらの出場でした。世界選手権のフリーが終わった直後の、リンクの上で足を引きずりながら観客に向かってお辞儀をする姿を見て、胸が詰まりました。

この大会の順位で、次のシーズンのソチオリンピックの国別の出場選手の人数が決まるわけですから、例年以上に、すべての選手が、限界まで自分の力を出し切ろうとしていた大会でした。

その代償でしょうか、羽生だけでなく、多くの選手の故障の情報を耳にした年でもあります。

大会ごとの順位や出来栄えよりもはるかに強く、「すべての選手が、なるべく故障の少ない状態で日々を過ごせますように」と願う気持ちがますます強くなったことは言うまでもありません。

◎２０１４年ソチオリンピック　男子シングル（個人）ショートプログラム
（2014 Olympics SP）

曲は『パリの散歩道』と『Hoochie Coochie Man』。前シーズンと同じ曲です。基本的な構成も、先ほど取り上げた、２０１２年スケートアメリカのショートプログラムを踏襲したものです。

コンビネーションジャンプに行く前、右のひざを折って左足を後ろへと流すムーヴが、２０１２年はバックエッジ、このシーズンはフォアエッジになったこと。そのため、後に続くトリプルルッツまでのエッジの踏み替えも変化している。

また、ステップシークエンスの「への字」のムーヴの左足のさばき方が変わっているなどの変更点はありますが、それ以上に「変わった！」と思う部分があります。

それは、エッジひとつひとつがさらに明確になったこと。そして、上半身の動きと曲の「音符」との融合が、さらにクリアになり、パフォーマンスの質が劇的に上がったことです。

例えば、トリプルアクセルの着氷後のトランジション。チェンジエッジのスムーズさがさらに上がっていることに目を見張りました。

◎2014年ソチオリンピック　男子シングル（個人）フリー（2014 Olympics FS）

目標を非常に高いところに設定している羽生自身からすれば、もしかしたらこの演技に納得していない部分もたくさんあるのかもしれません。冒頭の4回転サルコーで転倒、また、テレビ解説を務めていた本田武史氏も「まさか」と表現していた、トリプルフリップでの両手のお手つき。終盤のトリプルルッツからトリプルサルコーまでの3連続ジャンプは、「トリプルサルコーを『連続』して跳んでいない」と判定されました。

しかし、よく言われていることではありますが、「オリンピックは、あらゆることが起こりうる大会なんだ」という思いを改めて強くしました。

「スポーツ選手として、結果を追い求めたい」という意志の強さと、「スケーターとして、自分のスケート、自分の演技を、素晴らしい舞台でやりとげたい」という意志の強さ。そのどちらも、ギリギリまで突き詰めたい。羽生結弦だけでなく、トップスケーターは全員そういう思いを持っているはずです。

「持っているはずです」と書くのは、その「両方とも突き詰めたい」という意志のありようが、私にはイメージもできないくらいに、高く大きく厳しいものだからです。彼らの目指している場所が、私には正確にイメージできていないのです。

「イメージできないものを断定調で書く」ということは、ものを書くうえでのルール違反だと私は思っています。

使用した曲は『ロミオとジュリエット』。2シーズン前の2012年の世界選手権のフリーの曲とは違い、イタリアの大家、ニーノ・ロータが、1968年公開の映画のために作曲したもの。私にとっては、フィギュアスケートの歴史に輝かしい功績を残した、アメリカのサーシャ・コーエンのトリノオリンピックシーズンのフリーが思い起こされます。

ニーノ・ロータは映画音楽で特に素晴らしい作品をいくつも残しています。『ゴッドファーザー』『太陽がいっぱい』、そしてイタリアが世界に誇る映画監督、フェデリコ・フェリーニと組んだ『道』や『カビリアの夜』『甘い生活』……。どれも映画史に燦然《さんぜん》と輝く作品ばかりです。映画そのものの評価になってしまいますが、この中では『カビリアの夜』と『道』がマイベストでしょうか。ジュリエッタ・マシーナは、イタリアが生んだ、20世紀を代表する名女優です。

ニーノ・ロータの『ロミオとジュリエット』、そしてネリー・フーパーたちが音楽を担当した『ロミオ＋ジュリエット』。それぞれを聞き比べてみると、激しさやパッションは『ロミオ＋ジュリエット』のほうが伝わりやすいかなと思います。

ニーノ・ロータ作のほうは、ミディアムテンポ。その雄大なオーケストラの旋律の中に、「泣き」のメロディが入っている……と言いますか。クラシックな曲調の中に泣きのメロディを入れることに関して、イタリア人はさすがだな、と思うばかりです（才能に国籍はない、という思いももちろん持っています。ですのでこの考えは偏見があるかもしれません）。イタリアオペラにもそんな名作がたくさんありますね。

こういった「テンポはミディアム。世界観は雄大。しかも『泣き』の旋律にあふれた音楽」で滑るためには、大人のスケーティング、成熟したスケーティングが必要だと思うのですが、それを羽生の18歳から19歳にかけてのシーズンで挑戦させるチーム・ブライアン。

やはり、羽生とチーム・ブライアンが目指しているところは、ものすごく高いところにあるんだな、と感じずにはいられません（第4章で詳述しますが、この思いは、平昌シーズンで、私がネイサン・チェンに感じている思いと同じ種類のものです）。

●冒頭の4回転サルコーのトランジション。リンクの短辺側をターンしながら進む、そのスピード！　次の4回転トウも、ジャンプの踏み切り前、体が前向きになっているときに、エッジを体の左側から右側へとかなり大きく振ってから、バックエッジに切り替えて踏み切っています。そして、4回転トウは、このように「踏み切り直前まで、すごい勢いのトランジションを組み込んでいる」にもかかわらず、ジャンプ自体も素晴らしいものでした。

●ステップシークエンスは、私はとにかく「ひざから下」に注目していました。シャープなエッジの切り替えや、時計回りの鋭いターン、小さなホップにいたるまで、足さばきのひとつひとつと音符のシンクロ度合いが、やはり素晴らしい。

●プログラム後半の、トリプルアクセルとトリプルトウのコンビネーション。完璧な着氷、完璧なクオリティ。トリプルトウを着氷した後のアームの動きも、「着氷のバランスをとるため」ではなく「音楽の世界観の表現」として機能している。こうした「技術に裏打ちされた音楽性」が、先ほどのステップシークエンスもそうですが、羽生結弦のプログラムには随所に盛り込まれていると思います。

●2本めのトリプルアクセルの踏み切り前のトランジションは、イーグルからカウンターという組み合わせ。この組み合わせも、このシーズンから競技会に取り入れたものではないかと思います。イーグルもカウンターも、どちらかひとつをトリプルアクセルの前に取り入れるのでさえ、信じられないほど大変なはずなのに……。それも、プログラムの後半のジャンプで……。

●コレオシークエンスのデザインに目を奪われる。非常に距離が出ている反時計回りのターンから、すぐに時計回りのターンへ。つまり、「異なった方向へ回転していく要素を、ダイレクトにつなげる」というスタート。

そして締めくくりは、シットポジションのツイズルから、己の胸を刺し貫くような印象的な振り付けをはさみ、ターンの連続。今度は、時計回りのターンと反時計回りのターンをダイレクトにつなげていく。

コレオシークエンスの始まり方と終わり方が、共通する要素の組み合わせになっている。とても考えて作りこまれた、緻密なプログラムだったと思います。

羽生の後に滑ったパトリック・チャン（Patrick Chan 2014 Olympics FS）にも、いくつかのミスが出ました。このシーズン、エリック・ボンパール杯のチャンのフリー（2013 TEB FS）は、鳥肌がしばらくおさまらないような傑作でした。ソチのフリーも自分自身に期待するところは大きかったはずですが、結果は銀メダルでした。
得点が表示された後、私の聞き間違いでなければ、チャンはキス&クライ（選手やコーチが得点発表を待つスペース）で、
“Sorry.”

と、テレビを見ている人たちに向かって言ったかと思います。胸が刺されたように痛くなってしまいました。

私が思い出したのは伊藤みどりが銀メダルを獲得した、アルベールビルオリンピック。そのオリジナルプログラム（1988～89年シーズンから、このアルベールビルのシーズンまで、ショートプログラムはこう呼ばれていました）で、伊藤はコンビネーションジャンプのトリプルルッツで転倒し、4位スタートでした。オリジナルプログラム後のメディア取材で、伊藤がまず口にしたのは、

「すみません」

という言葉でした。

スケーターは、ミスしたことを謝罪する必要なんてない。この思いは、伊藤みどりの謝罪をテレビで見て以来、1ミリたりとも変わることがありません。

私は羽生結弦はもちろん、パトリック・チャンも非常に好きなスケーターです。というよりフィギュアスケートの全選手をリスペクトしたい観客です。「誰が優勝したか」とい

うこと以上に、「誰もが、『これが自分の集大成』と自分自身で思い、心から満足した状態で演技を終えることができる……。そんな大会、そんな舞台が、この先に用意されていてほしいなあ」との思いがいっそう強くなったものです。

◎２０１４年世界選手権　フリー　(2014 Worlds FS)

プログラムは、ソチオリンピックのフリーと同じですので「ツボ」も重複しますが、プログラム全体に対しての新たな感想が生まれました。

２０１２～１３年のフリー『ノートルダム・ド・パリ』のことを、先ほど少し取り上げましたが、

「最初から最後までミディアムテンポの曲で、４分30秒間ずっと集中し続けなくてはいけないプログラム。高難度の技を、濃密なトランジションで切れ目なくつないだプログラム。そんなプログラムを、曲の最後の一音が終わる瞬間まで『疲れきっている』ようにはまったく見えないよう滑りきる」

というテーマは、こういう形で結実するのかと、改めて心打たれたのです。

プログラム全体におけるスケーティングのスピード。そして、あくまでも「エッジワークがメイン」という音楽との同調性はそのままに、そのエッジと連動する上半身の動きのドラマティックな度合い。最後の要素、足替えのコンビネーションスピンでも「疲れ」が見えてこない……。ジャンプのミスの数がどうこうではなく、少なくともこの3つは、個人的にはソチの演技よりもグッときました。

4回転サルコーや、トリプルアクセルとトリプルトウのコンビネーションでの着氷の踏ん張りもすごかったのですが、コレオシークエンスにおけるドラマティックな動きも特筆すべきものだと思います。

オリンピックチャンピオンが、その年の世界選手権には出場しない……。それもよくあることで、私も「出場するかしないかは、選手の気持ちを全面的に優先すべし」と思っています。それを踏まえたうえで、羽生自身が出場を決めて、これだけ素晴らしいパフォーマンスを見せてくれたことに、ただただ感謝するばかりです。

この大会は、総合2位に入った町田樹《たつき》の素晴らしさも永遠に忘れたくありません。フリー（2014 Worlds FS）の『火の鳥』ももちろん素晴らしかったのですが、ショートプログラムの『エデンの東』（2014 Worlds SP）は、もう「眼福」と言いたい作品でした。

音楽の世界、物語の世界を単に「演じている」というよりは、「没入していく」と言いたくなるようなパフォーマンス。私は、映像作品の『エデンの東』は、ジェームズ・ディーン主演の映画版しか見たことがなく、不勉強ながら町田が楽曲を使用したアメリカのテレビドラマ版のほうは見たことがありません。

ただ、町田が自分の演技を説明するキーワードとして、原作の大きなテーマながら映画版の中では省かれていた「ティムシェル」という言葉を使っていたことは、極めて印象的でした。

映画版のジェームズ・ディーンが演じた、あの複雑なキャラクター。屈折した感情表現しかできない自分自身に対するもどかしさ。父親からの愛と承認に対する、渇望に近い感情。そして、物語最後に訪れる、ある種の救済……。それは確かに素晴らしいものでした。しかし、ジョン・スタインベックによる原作小説は、ジェームズ・ディーンが演じたキャラルを含む、トラスク家三代にわたっての、親子・兄弟・夫婦の苦悩と確執、魂の救済を、

『旧約聖書』になぞらえて描いた作品です。

町田は、演技の中のジャンプやスピンだけでなく、自らの一挙手一投足のすべてに、物語の世界観を投影しようとしていたように思います。私の個人的な印象では、キャルの複雑なキャラクターに、さらに、トラスク家とともに歩んだ中国人、リーの思慮深さや想いの深さをミックスしたような……。

厚い雲から光が漏れだしてくるように広がりのあるストリングスの旋律。そのタイミングで跳んだトリプルアクセルの見事さには、鼻の奥がツンとしてしまったほどです。

町田樹は、ソチシーズンの前年、2012年の全日本選手権では9位でした。

文字通りゼロからやり直し、這《は》い上がって、2013年の全日本選手権で2位となり、ソチオリンピックと世界選手権の代表の座を勝ち取りました。その長い道のりの先に、世界選手権の素晴らしい演技と銀メダルがあった。見事な「町田樹の物語」を見せてくれたことに、私はいまでも観客として感謝しています。

ほかにも挙げきれないほど素晴らしい選手がいますが、あえてふたりだけ。

ショートプログラムでこのシーズンいちばんの演技を披露し、引退の花道をオリンピックではなく日本の大会で飾ってくれたチェコ共和国のトマシュ・ベルネル（Tomas Verner 2014 Worlds SP）。そして、急な出場だったにもかかわらず、ショートプログラム（2014 Worlds SP）もフリー（2014 Worlds FS）も、磨き上げられたエッジワークで観客を陶酔させてくれた小塚崇彦《たかひこ》。

シーズンの最後を締めくくる、本当にいい大会でした。

◎2014年グランプリファイナル　フリー（2014 GPF FS）

このシーズン、初戦の中国杯のフリーの直前の6分間練習で、ほかの選手と激突した羽生結弦。あの瞬間は、いまでも詳述するのをはばかられるほどです。ですので、ぶつかった選手の名前を書くのも控えます。「どちらが悪いか」といった問題に落とし込む気など私には一切ない。「どちらも心配」に決まっていますから。

中国杯で、羽生は、フリー演技を敢行しました。あの体の状態でもあそこまで気力を振り絞ること自体は素晴らしいと思いつつ、とにかく心配で……。

私は、1991年世界選手権のオリジナルプログラム直前の6分間練習で伊藤みどりに起こったアクシデントを思い出しながら、ただただ胸を痛めていました。

羽生結弦だけに限った話ではない。日本人選手に限った話でもない。グランプリシリーズに出場できるような選手は、それぞれの国の宝と言っていい（もちろん、そういった国際大会に出場しなくとも、選手ひとりひとりが尊い存在です）。

こうした突発的なアクシデントに迅速に対応できるシステムが待たれます。

例えば、ラグビーでは、試合中の激しい接触などで脳震盪《のうしんとう》の疑いが出た選手を守るため「HIA」（Head Injury Assessment）という対策が講じられています。「HIA」の専門的な研修、講習を受けた（これが非常に重要です）ドクターが、トラブルが起こった選手のコンディションを厳密にチェックし、試合に出られるか休むべきかを判断する。

ああいった状況下では、ほとんど全員の選手が、自分の体のことを脇にやって「それでも出たい！」と言うことでしょう。それはすなわち「グランプリシリーズでいい成績をおさめなければ出場できない、グランプリファイナルへの出場権を得たい」という気持ちの表れです。そんな選手の気持ちも救済できるようなシステムは、ないものか。例えば、

「突発的なアクシデントで棄権せざるを得なかったときは、一定の割合で、獲得ポイントの保護措置がとられる」といった……。

何度も言うようですが、羽生結弦だけでなく、選手全員が、「その大会ひとつに出場するか、しないか」ではなく、今後もその体で生きていくのです。

結果論ではありますが、このシーズンのグランプリファイナルの出場権は、中国杯のフリーを滑ったからこそ羽生が手に入れたものでした。だからこそ見せてもらえたグランプリファイナルの素晴らしい演技を心から喜ぶ気持ちは持ちつつ、やはり私はどこまでも「選手の健康ファースト」派でいきたいと思っています。

フリーの使用曲『オペラ座の怪人』は、フィギュアスケートの使用曲としてはかなり人気です。このシーズンは、日本人だけでも無良崇人《むらたかひと》のフリー、村上佳菜子はショートプログラムもフリーも『オペラ座の怪人』を使っていました。無良崇人の2014年スケートカナダ（2014 Skate Canada FS）、村上佳菜子の2015年世界選手権ショートプログラム（2015 Worlds SP）も、本当に素晴らしい演技でした。

●4回転のサルコーを美しく着氷した後のトランジション。反時計回りに2回ターンしてから、非常に明確なフォアエッジとバックエッジの180度ずつの切り替えが美しい。ものすごく軽やかというかエアリーというか。それでも体重移動はしっかりできている（そうでなければあそこまでスピードが上がりません）。

●4回転トウそのもののクオリティも素晴らしいが、その着氷をピッタリと曲と同調させる。考え抜かれた演出ですが、4回転ジャンプでこれを可能にすること自体がすごい。

●トリプルフリップ前の非常になめらかなターンのトランジション。ジャンプ自体も「3回転分のターンが空中で実施されている」かのような自然さ。

●ステップシークエンスの「ツボ」も要素の実施順に書いていきます。

■審判員席にもっとも近づいた場所でおこなっている、左足だけのエッジワーク。「進む方向に対してほぼ真横」くらいにおこなう、サイドへの振りがすごい。そこから左足で直径30センチほどの円を描くターンまでのなめらかさ。

■シークエンス全体にわたって、エッジの切り替えが非常になめらかで、エッジを切り替えるたびにスピードが上がっていく。体重移動の見事さに、ため息が出る。

●イーグルから始まる非常に長い距離を、トランジションで埋めてから跳ぶ、トリプルアクセルとトリプルトウのコンビネーション。それをパーフェクトに着氷し、フォアエッジに替わってからも、私としては見どころ。左足のフォアエッジが、腕などの勢いを借りることなく、体の軸の引き締めだけで、グンとインサイドエッジに深く倒すことで急激にスピードが上がる瞬間。スケーターが、こういったスケーティングの技術を見せてくれるのが、私は大好きです。

●次が、まったく新しい技の組み合わせ。右足のバックエッジでほぼまっすぐに滑ってから、直前に左足のフォアアウトエッジに踏み替えて跳ぶトリプルアクセル。

ほとんどの選手のトリプルアクセルは、跳ぶ前のエッジのトレースは大きめの円を描いています。で、跳ぶ方向も、その円周の延長線上に跳んでいく感じだと思います。それがいちばん高く遠くに跳ぶにはいいのではないか、と。

羽生の場合は、バックエッジでほぼまっすぐな軌道で滑ってきて、直前にほとんど90度の角度で左側に曲がってジャンプを跳んでいる。なんというか非常にハッとする軌道です。そんなハッとするトリプルアクセルから、ハーフループを入れ、トリプルサルコーまでの3連続ジャンプ。前シーズンは、3連続ジャンプの1つめのジャンプはトリプルアクセルではなくトリプルルッツでした。プログラムの後半に、新しい（それも、格段に難しくなった）技を入れてくる。さすがです。

ジャンプの最後の要素、トリプルルッツの転倒後に本人の苦笑い。おかしな話かもしれませんが、私は、この笑顔にちょっとホッとしました。中国杯以来ずっと続いていた重圧から、やっと解放されたのかな、と。

◎２０１５年グランプリファイナル　ショートプログラム　（2015 GPF SP）
◎２０１５年グランプリファイナル　フリー　（2015 GPF FS）

第１章で書いていますが、このシーズンのショートプログラム、ショパンの『バラード第１番』とフリー『ＳＥＩＭＥＩ』が、平昌シーズンでも使用されています。

この大会で叩き出した合計得点は、３３０・４３。２０１７年12月10日の段階で、男子シングルの歴代世界最高記録です。

この大会で、羽生結弦はショートプログラムで４回転をふたつ、フリーで３つ入れてきています（前シーズンまでは、ショートプログラムでひとつ、フリーでふたつ）。このシーズンから、ショートプログラムもフリーも４回転トウとトリプルトウのコンビネーションジャンプを組み入れています（前シーズンまでは、すべて単独ジャンプでした）。

これほどまでに急激にプログラムの難度を上げながらも、羽生はこの大会でも、この前の大会であるＮＨＫ杯でも、驚異的なクオリティでノーミスの演技を披露しました。

そして、この平昌シーズンでは、同じ曲を使いつつ、「something new」をこれでもかと入れてきている。男子シングルはどこまで行ってしまうのでしょうか。

新しいプログラムに「something new」があるのなら、当然、外さざるを得なかった「something」もあるわけですが、私としてはそれらを「something old」とは呼びたくないのです。なぜなら、そのどれもが2シーズンを経たいまでも非常に新鮮なテクニックだからです。

この曲を使用した新プログラム全体の流れは、第1章で書いていますので、ここでは、新しいプログラムでは見られなくなった、しかし私にとってはいまでも新鮮な「ツボ」を書いていきたいと思います。

●ショートプログラム。4回転サルコーから、アウトサイドからインサイドへとエッジを替えていくイーグルの後、音楽が一瞬止《や》むと同時に動きがストップ。

そこから、「反時計回りのターン」「時計回りのターン」をするのですが、「どちらが自然な回転方向なのか」が一見わからないくらいに、どちらも精度が高い。ジャンプを見れば、羽生結弦の本来の回転方向は「反時計回り」なのですが、どちらに回っても本当に自然。体重移動とバランス感覚の見事さを感じます。

●トリプルアクセル前のイナバウアーが、バレエの足の4番ポジションのような非常にハードな体勢（世界選手権のカメラアングルのほうがしっかり確認できるでしょうか）。

2010年の世界ジュニア選手権のときにも感じた羽生結弦の柔軟性は、さらに進化していました。普通、男性は少年期のほうが体も柔らかいものですが……。

そういった「柔軟性を落とさない体づくり」にも、非常に真剣に向き合い続けているんだな、と感じました。

●フリーからひとつ。2回めのトリプルアクセルのトランジション。イーグルから始まって、時計回りのツイズルを入れてから、即、本来の回転方向である反時計回りのトリプルアクセルを跳ぶ。そしてそのまま、トリプルサルコーまでのコンビネーションにつなげるシークエンスは、何度見ても「何をどうやったらこんなことができるのか」と思うほどです。本来の回転方向とは逆に回った時点で、ジャンプを回る勢いや力はそがれていくはずなのに……。

これを「外してしまう」のも、ちょっと考えられないのですが（ここまで濃密なトランジションを入れ、トリプルアクセルからのコンビネーションを跳べる選手は、羽生以外にいませんから）、ニュー『ＳＥＩＭＥＩ』は、トリプルアクセルからトリプルサルコーまでのコンビネーションではなく、４回転トウからトリプルサルコーまでのコンビネーションを予定していたわけです。

「すごい」という言葉以外、出てきません。

◎２０１６年グランプリファイナル　ショートプログラム（2016 GPF SP）

プリンスの『Let's Go Crazy』で演技をするシングルスケーターが出てくるなんて！

シングルとペアの競技会でもヴォーカル入りの曲の使用が認められるようになったのは、２０１４～１５年シーズンからです。そのはるか以前から見てきたフィギュアスケートファンにとっては、何やら感慨深いものがあります。

ちなみにここで言う「ヴォーカル」とは、「歌詞があり、その言葉が意味を持つ歌声」という定義です。ジャズでいうスキャットや、オペラでいうヴォカリーズなどは「人間という『楽器』が出す音。歌詞はないからＯＫ」という定義になっていました。永遠に記憶にとどめておきたい素晴らしいスピンの持ち主、ステファン・ランビエールのトリノオリンピックのショートプログラム（Stephane Lambiel 2006 Olympics SP）の後半部分が、ひとつの例になると思います。

個人的にプリンスは大好き。この曲が収録されたアルバムでは『I Would Die 4 U』も大好きなのですが、誰かエキシビションで滑ってくれないでしょうか。

●スタートのひと蹴りで、片足のフラットエッジに乗る。そこから、ものすごい勢いのアウトサイドにチェンジエッジし、きっちり90度曲がってみせた後、再びものすごい勢いでフラットエッジに。この間、体がぐらついたりスピードが落ちたりということが一切ない。非常に個性的なエッジワーク。エッジを、単に「深く」「速く」使うのではなく、「深浅」

や「緩急」のレベルで操る技術がより磨かれていることが、この最初のムーヴだけでわかる。

ここからインサイドのイーグルまでが、流れのあるトランジションの組み合わせ、私はそうとらえました。エッジワークが非常に丁寧に音を拾いつつ、エッジを動かさないイーグルになってから、アームがプリンスの声に呼応するように動く。

羽生結弦とチーム・ブライアンが「曲と同調させるのは、アームではなくエッジワークを優先させる」と明確に考えているのがわかります。

●よくこらえた4回転ループ着氷後の、イーグルからのポジションの変化もかなりの驚き。片ひざを曲げてポジションを変化させてからのほうが、むしろスピードが上がるような感じです。演技中、助走つきで「ムーヴス・イン・ザ・フィールドのポジションを変える」のを披露した選手は過去に何人か知っていますが、4回転ジャンプのトランジションでこれを入れるのは、今度も褒め言葉として使いますが、やはり異常なレベルです。

●「緩急」という観点から。4回転のループを着氷し、ドラムの音が激しく鳴り出してから3～4秒後あたり。左足のフォアインサイドエッジを見事に使ったなめらかで大きなカーブが、途中から急激にスピードアップしたと思ったら、次の瞬間には見事に右足に踏み替えられている。何度見てもハッと息をのみます。

●4回転サルコーからのコンビネーション。トリプルトウを着氷したときのアームのポーズが、「バランスをとるため」ではなく「振り付けの一部」として機能している。「開き方」というよりは「下ろし方」と呼びたいこのアームのポーズも、羽生結弦がこのプログラムと向き合って、初めて披露したものではないでしょうか。
改めて、多彩なチャレンジをしているのだな、と感じ入りました。

●トリプルアクセルのエントランス。基本的にはずっと右足・左足を踏み替えて片足でおこなっているトランジションの中で、1箇所だけ両足を使っているところがあります。
進行方向に背中を向け、しかもエッジが進行方向に対してほぼ90度で出ていく部分。これは推進エネルギーに大きなブレーキをかけかねないエッジワークだと思うのですが、そのスピードは豊かなまま。ここも何度見てもハッとします。

その「ハッ」とするエッジが、プリンスの「ハッ！　ハッ！」という息遣いに呼応しているあたり、粋なプログラムデザインだなあと思います。

●ステップシークエンスは絞って2箇所、要素の実施順に「ツボ」を書いていきます。

■ほぼ180度の方向転換に目を見張る。右足のインサイド全体を使い、それまでの豊かなスピードを急に落としているのに、止まる瞬間がまったくないまま、なめらかに真後ろ方向に進み始める。「真後ろ方向に進むため、途中から左足のバックアウトエッジを絶妙にブレンドしている」のは理解できるのですが、その鮮やかさに驚きました。

■ムーヴス・イン・ザ・フィールド（およびそれに類する動き）の途中で、重心を置く位置や体重をかける場所を意識的に変えても、スピードが落ちない。

スポーツ新聞の「スポニチ」が、「ズサーッ」と表記したムーヴがあります。シークエンスの後半、いちばんの盛り上がりどころである「片ひざをついて上体をそらしていく」

動きです。左足のエッジだけで滑るうえ、上半身の体重がどんどん後ろにかかっていきますから、本当ならスピードが極端に落ちるはずなのですが、「ズサーッ」以降もステップは続いていく。もちろんいい意味でですが、いったいどうなっているんでしょう。

この曲のチョイスにも、非常にチャレンジ精神を感じます。

「ロックで滑る」という観点から、私はこのプログラムを『パリの散歩道』と同じカテゴリーととらえています。「自分には、どんな曲が似合うのか。どんな新しい可能性があるのか」を柔軟に、かつ大胆に模索した結果が、この選曲なのではないかと思うのです。

羽生が17歳の若さで自分の世界に取り入れた『パリの散歩道』は、ブルースロック。まさに「新しい可能性」を開いたプログラムでした。当初、「これはちょっと大人っぽすぎない？」と思っていた私は、恥ずかしながら自分の「ものの見方の狭さ」を思い知らされることになりました。

プリンスの音楽は、カテゴライズが非常に難しい。『Let's Go Crazy』の冒頭の言葉はゴスペルのような響きを帯びていたり、中盤はポップなロックンロールのようだったり、ラスト直前にはジミ・ヘンドリックスばりのギターソロがあり、そのまま「ロックバンドによるオーケストラ」と言いたいようなラストへなだれ込む……。ひとつのカテゴリーに押し込めて「○○的」という言い方ができない音楽のスタイルです。「プリンス的」と言ったほうが、よほど伝わる。そんな感じなのです。

第1章で、私は「羽生結弦のスケーティングの『エアリー感』を、オリジナリティのひとつに挙げたい」といった意味のことを書きました。

「ジャンプ、ステップ、スピンを、高いクオリティのスケーティングに裏打ちされたトランジションでつなぎ、ひとつの緻密な『作品』を作る」

そういう明確な目標を、羽生の「段階的な成長」から、ずっと感じていたのです。

そして今回のチャレンジングな選曲。

「やはりスポーツである以上、先んじるのは技術。オリジナリティあふれる技術を高めることができたら、次はオリジナリティあふれるミュージカリティを。そうやって、ある『理想』に近づいていく」

羽生とチーム・ブライアンはそれを計画していたのかな、と予想してみた私です。

『SEIMEI』も、『Let's Go Crazy』も、そしてこの年のフリー『Hope & Legacy』も、それまでシングルスケーターは誰も使用したことはなかったのではないかと思います（私が見ていない競技会やエキシビションで、ほかの選手がすでに使っていた場合は、自らの不勉強を深く恥じたいと思います）。

プリンスの音楽がまさに「プリンス的」としか表現できないように、羽生結弦のスケートもまさに「羽生結弦的」としか表現のしようがない……。そんな「目標」を、羽生とチーム・ブライアンは見ているのかもしれません。

そんな想像をしてみるのも、私には楽しい時間なのです。

◎2017年世界選手権　フリー　（2017 Worlds FS）

久石譲の『Hope & Legacy』を使用したフリー。ショートプログラム5位からの大逆転でした。

男子フリーの最終グループは、最初に滑る選手が羽生結弦でした。で、羽生の演技が終わるちょっと前あたりで、私は、

「完璧……」

と感嘆のため息をもらし、「今夜はもう眠ることをあきらめよう」と早々に決めてしまったのです。

フリーに4回組み入れた4回転ジャンプがすべて美しく成功したこと自体は、これまでにもさまざまなメディアで語りつくされてきました。

別に「逆張り」をするわけではありませんが、この本の第1章で書いたことにもう一度立ち返ろうと思います。

「インサイド・アウトサイド」と「フォア・バック」のエッジを組み合わせて、「右足・左足」のどちらか片方の足で滑っていく、この8種類の組み合わせの密度がとんでもなく濃い選手だと、羽生結弦の演技を見るたびに思います。「プログラム全編にわたって、なんらかのステップを踏み続けている」と言っても、決して大げさな表現ではないのです。

私はこの演技で、その思いをさらに強めることになりました。

●スタート時、音楽が鳴り始めて7〜8秒後あたり。ターンからフォア（前向き）になった瞬間。左足・フォアのインサイドエッジで美しいカーブを描きつつ、右足は「スライド」している。要するに、左右の足でまったく違うことをやっているわけです。「スライド」は、女子選手がスパイラルを実施中におこなっているのが、例としてはわかりやすいかもしれません。伊藤みどりの1991年NHK杯のオリジナルプログラム(1991 NHK Trophy OP)でのスパイラルや、浅田真央の2005年グランプリファイナルのフリー(2005 GPF FS)のY字スパイラル、エフゲニア・メドベージェワの2016年世界選手権のショートプログラム(Evgenia Medvedeva 2016 Worlds SP)のI字スパイラルなどが思い浮かびます。

●4回転ループの直前、本来のエントランスのトレースを裏切るかのように、左足を体の内側に(というか、ほとんど体の右端まで)アウトエッジでグッと踏み込んでから、右足バックアウトエッジに踏み替え、ジャンプを跳んでいる。この点に関しては、第1章の、平昌シーズンのフリーの「ツボ」でも書いていますが、初めて見たときの驚きといったらありませんでした。

●4回転ループの着氷後、フォアのエッジで大きなカーブを描き、ターンをはさんでバックのエッジになってから。

左足のバックエッジを、インからアウトへと、スムーズにチェンジエッジさせてから、なめらかな右足のバックインに一瞬だけ踏み替え。さらに、すぐに左足に踏み替えた後、フォアエッジに切り替えて、即座にフォアのアウトからインへとチェンジエッジさせている。3秒足らずのトランジションの中で、これだけのエッジの切り替えと足の踏み替えが非常にスムーズにおこなわれている。そして一歩一歩の距離の出方もとんでもない。

●単独の4回転サルコーに入るまでの、トランジションの距離の長さ!

●ステップシークエンスは絞って2箇所、要素の実施順に「ツボ」を書いていきます。

■「上体の動きにバラエティをつけること」は、レベルをとるための条件のひとつですが、その要求を「ひざを曲げたイーグル（ベスティスクワットイーグル）」で満たせる。このイーグルの前後にも、まったく隙間なくステップが入っているのにもかかわらず。

■「片足で種類の異なるステップを踏み続けていくこと」も、レベルをとるための条件のひとつですが、それを「インサイドのイナバウアー」と「インサイドのイーグル」、ふたつのムーヴス・イン・ザ・フィールドでサンドイッチしている。

●トリプルフリップの前後のステップの見事さ。ジャンプ自体も、「ターンの一部」のようなエアリー感で実施されている。

●リンクの長辺をほぼいっぱいに使った、4回転トウのエントランスのステップ。

●トリプルアクセルの助走にあたる漕ぎが、ますます少なくなっている。かつ、2回めのトリプルアクセルは、時計回りのターン（羽生の本来の回転方向とは逆の回転になります。ジャンプの回転の勢いを、跳ぶ前にガッツリ削っているわけです）を入れた後で跳び、トリプルサルコーまでのシークエンスを跳ぶ。

この「氷上で時計回りに回り、直後に反時計回りで跳ぶ」という一連のムーヴは、前シーズンのフリー『SEIMEI』でもおこなっていましたが、この演技では、サルコーの着氷後にイーグルを入れて、さらにブラッシュアップされたトランジションになっている。

●コレオシークエンスから、絞って絞って1箇所。ハイドロブレーディングは、前シーズンの『SEIMEI』でも素晴らしいインパクトを残していますが、今シーズンは、直前にターンを入れてから実施している。さらに、ハイドロブレーディングが終わった直後の1歩め、左足のフォアアウトエッジが、前シーズンより深く明確になっている。その後、ターンに入るまでの時間が前シーズンよりさらに短くなったうえ、イーグルまでプラスされている。

●最後のジャンプのトリプルルッツが、レイバックイナバウアーから続くステップの中で実施されている。

ショートプログラムと同様、クオリティも密度も高いこうしたエッジワークのほとんどが、4分30秒の間シームレスに実施され、かつ、曲の音符にぴったりとリンクし、フリーの曲『Hope & Legacy』の雰囲気そのものである「ドラマティックなのに、静謐《せいひつ》」なイメージともリンクしているわけです。眼福でした。

そしてこの平昌シーズン、羽生結弦は、さらなるチャレンジを目指し、より高難度な構成に真っ向から挑んでいます。

ひとりの観客にすぎない立場としては、ただただ、羽生だけでなくすべての選手が可能な限りいい状態で平昌を迎えてほしいと願うばかりです。

◎エキシビションプログラム『ホワイト・レジェンド』

番外編のような形にはなりますが、エキシビションの演技からも、ひとつ選んでみようと思います。

２０１６年8月、日本テレビの『24時間テレビ』で、羽生は、熊本の被災地に向けてのメッセージを込めたスケートを披露しました。

東日本大震災から現在にいたるまで、羽生結弦が寄付も含め本当に多くの献身的な活動をしていることは、私などよりもこの本を手にしてくださった方々のほうがご存じでしょう。ですから詳述は控えますが、それでもひとつだけ。

羽生は、東日本大震災の発生時、仙台のリンクでスケートの練習中でした。羽生は、被災者のひとりです。

こうした活動を被災者が続けるということは、震災の記憶と向き合い続けること、その記憶から逃げないと決意していることを意味します。この一点だけでも、全面的な尊敬に値すると思っています。

むしろ、

「そこまで背負わなくてもいい」

「被災した人は、自分のことだけ考えるくらいでいい」

という気持ちのほうが強いくらいです。

そう思いつつ、私はあえて、このプログラムで感じた「羽生のスケートそのもののすごみ」を書いてみたいと思います。

と言うのも、「羽生が、この滑りにどんな思いを込めたか」ということに関しては、私以上に羽生結弦のことを愛している人たちが、それぞれのやり方や言葉で受け取って、ご自分の胸に刻んでいることでしょうから。そういった方々の思いは、それぞれにオリジナルで、それぞれに大切なもの。そこに口を差しはさむようなマネは野暮というものです。

ですので、「どう感じるべきか」などという角度からではなく、テクニック的なことを中心につづってみましょう。

●スタートのひと蹴り（要するに、ほとんど助走なし）で、すぐにイナバウアーに入る。そのイナバウアーが、どこにも力が入っていないように見えるのに、途中からスピードがスッと上がる。どれだけ正確にエッジに乗っているのか、ちょっと想像がつかない。

●ドーナツスピンでエッジをつかんでいないほうの手が、きちんと音をとらえている。

●ドーナツスピンをほどいてすぐに、反時計回り→時計回りのターンを入れる。

●トリプルアクセルを、レイバックイナバウアーから続くステップを入れてから跳ぶ。これまでのどの競技会でも見せたことのないトリプルアクセルのエントランスではないか、と思います。ジャンプ前のコネクティングステップのバリエーションの豊かさに改めて驚く。

●羽生にとって本来の回転方向ではない、時計回りのターンであっても、目を見張るほど精緻。そこからすぐにインサイドのイーグルへとつなげるなめらかさにため息が漏れる。

●シットスピンの体勢でツイズル。そこからパンケーキポジションに移行する際、足元だけを見ていると、どこから上体の体勢が変わっていったのかわからないほど、トレースが一定。

しみじみと、いいものを見せていただきました。そして、「いいもの見せてもらったんだから、チケット代くらいは」と、私も少額ながら熊本に寄付をしてみました。

もちろん、これは「誰もがこうした寄付をすべき」と言っているわけではありませんので、誤解なさらないでいただきたいのですが。

羽生結弦には、被災地に想いを捧《ささ》げたエキシビションのプログラムが、『ホワイト・レジェンド』以外にも数々あります。

競技におけるどこまでも「貪欲」な姿勢と、競技を離れたところで立ち現れる「無私・滅私」な姿勢。

非常に対照的なふたつの顔が、矛盾なく同居している……。そんなふうに私には感じられるのです。

それもまた、羽生結弦のオリジナリティのひとつなのかもしれません。

第４章　平昌オリンピックのシングルスケーターはここがすごい

スケーターたちがその集大成を見せる舞台、冬季オリンピックが2018年2月に平昌でおこなわれます。この章では、オリンピックで羽生結弦以外にも大きな注目を集めている男子シングル、女子シングルの選手の「私のツボ」を書いていければと思います。

この本の発売は平昌オリンピック開幕の1か月ほど前です。各国の代表選考会の結果を待っていては、この本を発売できませんでした。ですから、これから挙げる選手の中に、平昌オリンピックに出場できなかった人もいますが、そのことはご了承いただきたいと思います。ただ、「どの選手も本当に素晴らしい持ち味がある選手だ」と私が考えていることが伝われば、と思っています。

男子シングル

◆宇野昌磨

2017年世界選手権の銀メダリスト。平昌は20歳で迎える若いスケーターです。

毎年毎年、驚異的な成長を続けている選手です。

2014~15年シーズンは、まだジュニア時代。16歳から17歳にかけてのこのシーズンに4回転トウを習得し、トリプルアクセルの精度を飛躍的に高め、トリプルルッツの踏み切りのエッジを修正しました。トリプルルッツは左足のバックアウトで踏み切るジャンプですが、宇野はバックインエッジになる癖がありました。それをきっちり矯正してきたのです。

どれも身につけるのがとてつもなく難しい。「それを1年の間に3つも！」という驚きもありますが、その前段階で、宇野昌磨はトリプルアクセルを身につけるまでに非常に長い時間がかかった選手です。当然、大きな焦りや、自分に対するいら立ちや悔しさもたっぷり味わってきたと思います。

私は、「1年に3つのジャンプを身につけた」こと以上に、「周りがどんどん難しいジャンプを身につけていく中でも、たゆまずくさらず、自分と向き合って練習を続けてきた」ことが何よりも素晴らしいと思っているのです。

2015～16年シーズンにシニアの世界へ。このシーズンでは、ジャンプの着氷の際に右腕をクルンと回す癖を修正してきています。「右腕クルン」は、「見る人によっては『着氷の体勢が充分ではなかったために、腕でバランスをとっている』ととらえるかな。そうとらえる審判ととらえない審判とで、ＧＯＥ（出来栄え点）に多少の差が出るかも」

という程度の癖。しかし、ジャンプのような高難度の技をおこなう際の体の動きそのものを変えるには、大変な鍛錬が必要だったはずです。また、世界選手権後の大会でトリプルフリップを成功させています。

２０１６〜１７年シーズンでは、前シーズン終了直前に成功させた４回転フリップに加え、シーズン途中から４回転ループを取り入れ、世界選手権でも素晴らしい演技を披露しました。

そしてこの平昌シーズンは４回転サルコーまで組み入れてきています。

しかし、このジャンプの向上以上に、私が「すごい」と思っているのは、宇野昌磨のミュージカリティの高さです。

例えば２０１６年世界選手権のショートプログラム（2016 Worlds SP）。宇野が使用した曲はセイクリッド・スピリットの『Legends』。この曲は「メロディ」よりも「リズム」

がメインというか、「ビート」が主役ともいえるものです。お酒を飲むほうではなく踊るほうの「クラブ」になじみのある人でないと、盛り上がりどころをつかみにくい曲です。

偏見を承知で言うなら、「フィギュアファン」と「クラブ好き」を兼ね備える人はごく少数のはずだと私は思っています。

ほとんどの選手、およびそのコーチは、印象的な「メロディ」が演技を助けてくれる、と考えているはずです。有名なクラシック曲、バレエやミュージカルの曲、映画音楽、ジャズのスタンダードナンバーなどがよく使用されるのは偶然ではないと思います。

よく知られている旋律だから、多くの観客がさまざまに感情移入でき、結果、「いい演技」により多くの熱狂が生まれる……という化学反応を期待する部分もあるはずです。

そんな常識に背を向けるように、少々語弊がある表現かもしれませんが「わかりにくい」曲を選んで、観客を引き込む18歳。まったくもって、ただものではありません。

２０１７年世界選手権のフリー（2017 Worlds FS）では、そのミュージカリティにさらなる進化を感じました。

使用したのはアストル・ピアソラのタンゴ。『ブエノスアイレス午前零時』と、ミルバのヴォーカルによる『ロコへのバラード』をつなげたものです。

ピアソラの曲を使うフィギュアスケーターは、かなりの数にのぼります。

歴史に残るアイスダンスのペア、グリシュク&プラトフの1997年ヨーロッパ選手権のオリジナルダンス（Grishuk&Platov 1997 Euro OD）は『リベルタンゴ』。『アディオス・ノニーノ』を使った、1998年長野オリンピックの女子シングルの銅メダリスト、陳露のショートプログラム（Lu Chen 1998 Olympics SP）、2008年世界選手権の男子シングルのチャンピオン、ジェフリー・バトルのショートプログラム（Jeffrey Buttle 2008 Worlds SP）が、私の中ではその素晴らしさゆえに、ずっと記憶に残っています。1990年世界選手権のアイスダンスで、ピアソラのナンバーをつなげたプログラムを披露したウソワ&ズーリンのフリーダンス（Usova&Zhulin 1990 Worlds FD）も忘れるわけにはいきません。

ピアソラは、クラシックの作曲家に師事していた時期もあり、クラシックの素養と伝統的なタンゴがミックスされた、新しいタンゴを創造しました。語弊を恐れずに言えば、それはホールやジャズクラブなどで聴くためのタンゴ。「タンゴは、踊るための音楽」という常識を打ち破ったのがピアソラ。そんな言い方もできると思います。

そして、宇野が使用した『ブエノスアイレス午前零時』や『ロコへのバラード』は、『リベルタンゴ』や『アディオス・ノニーノ』以上に、「踊ること」に主眼を置いていない曲だと思います。

その曲をバックに、10代の選手が非常に濃密な世界観を体で表現していくのですから驚くばかり。曲のいちばんの「踊りどころ」でステップシークエンスに入るのですが、アームを含めた上半身の動きの精緻さと、音符ひとつひとつにエッジワークをからめていく見事さには、思わずため息がもれてしまいました。

この平昌シーズン、宇野はショートプログラムにビバルディの『四季』より『冬』を、フリーにプッチーニの『トゥーランドット』を使います。

「盛り上がりどころ」をつかみづらい曲でも観客を引き込む選手が、「盛り上がりどころ」をとてもつかみやすい、メジャーな曲をチョイスしてきたのです。

「過去2~3シーズンのチャレンジを自分の栄養にして、完全に勝負に出てきた」という印象を持ちました。

『トゥーランドット』は、宇野の2015~16年シーズンのフリーでも使用した曲。オペラ『トゥーランドット』は中国を舞台にした作品。「欧米人もよく知っていて、かつ、アジアの選手にとって大きな助けになってくれる曲」です。

荒川静香は、2004年世界選手権のフリー（2004 Worlds FS）で、この曲を使用した演技をおこなって世界チャンピオンに輝き、その2年後、トリノオリンピックのフリー（2006 Olympics FS）でもこの曲を使用し、金メダルを獲得しました。どちらも、いまでも多くの人の心に残る名演技です。2003年世界選手権のペアスケーティングのチャンピオン、申雪&趙宏博のフリー（Shen&Zhao 2003 Worlds FS）や、太田由希奈の2003年世界ジュニア選手権のフリー（2003 Jr.Worlds FS）も私には忘れることができません。

このシーズンの初戦、ロンバルディア杯のフリー（2017 Lombardia Trophy FS）では、4回転を5回入れるプログラムを持ってきました。プログラム前半のループ、サルコー、後半のフリップとふたつの4回転トウ。すさまじい構成です。

4回転トウもステップからただちに跳ぶようなエントランスになっていますし、もっとも「助走している」のがわかる、トリプルアクセルからトリプルフリップまでつなげるシークエンスのエントランスでも、きちんと「踊っている」。こういったプログラムを組める選手は、世界でも数人しかいません。

プログラム中の、「イナバウアーから即座にターン、そしてすぐにイーグル」というエッジワークの組み合わせも、私の「ツボ」になりました。


公式戦の初戦、スケートカナダのショートプログラム（2017 Skate Canada SP）では、ステップシークエンスのエッジの「柔らかなトレース」と「シャープなターン」のメリハリがさらに鮮やかになっていたように思います。一戦一戦、成長を続けているのがわかる。そんな短期間ではっきり目に見えるほど成長しているということは、ふだんの練習でどれだけ自分を厳しく追い詰めているか、の証明でもあります。

羽生も宇野も、自分を追い詰める傾向が強い選手だと思います。もちろん、自分自身に対するその厳しさが、彼らをトップに押し上げた要因ですが、「なんとかいい体調を保ったまま勝負の日を迎えてほしい」と願わずにはいられません。

男子シングルは「ノーミスの人から順位が決まっていく」というほどの大激戦になるはず。その大激戦の中心に、羽生も宇野もいてほしい。それは、自分を追い詰めすぎるほど追い詰めるふたりが、何よりも望んでいることでしょうから。

◆ハビエル・フェルナンデス

２０１５年、２０１６年と世界選手権を制したスペインの至宝。羽生とフェルナンデスはともにブライアン・オーサー氏に師事しています。

私がハビエル・フェルナンデスを初めて知ったのは、２００３年ごろでしたでしょうか。フィギュアスケートが決してメジャーなスポーツとは言えないスペインから、4回転のトウとサルコー、2種類を跳ぶ元気な選手が出てきたんだな……と感じたものです。

オーサー氏がコーチを務めるようになってから、スケーティングがメキメキと上達し、ジャンプ前後に入れるトランジションも非常に濃密なものに。ジャンプで出てきた選手が、スケーティングが磨かれることで、ジャンプもさらによくなっていく。そんな素晴らしい成長の過程が1年ごとに見られる選手です。

羽生のスケーティングが「スピードと伸びのよさ、そして圧倒的なエアリー感」だとするなら、フェルナンデスのスケーティングは「スピードと伸びのよさ、そして圧倒的な歯切れのよさ」という感じでしょうか。スケーティングからしてタイプが違うふたりの選手を、それぞれの個性を最大限にいかしつつ、どちらもワン・アンド・オンリーな選手に育てあげる……。チーム・ブライアンの手腕は見事というほかありません。

美しいものや素晴らしいものの「基準」や「好み」は、人それぞれに違うもの。羽生とフェルナンデスのどちらが好みか、人によって分かれてくるでしょう。しかし、ふたりに共通する「高いスケーティング技術」という客観的なベースは、「好み」という主観を凌駕する力を持つ……。それを、フィギュアスケートの世界においても鮮烈に証明しているのが、オーサー氏とふたりの教え子、羽生、フェルナンデスだと思います。

羽生や宇野がここ3年ほど、毎年のように新しい4回転ジャンプをプログラムに組み入れてきているのとは対照的に、フェルナンデスはジャンプの種類を増やしていません。4回転トウとサルコーのクオリティを磨き上げ、プログラム全体の密度を高めることに取り組んでいる。これはこれで勇気が必要な「チャレンジ」だと思います。

その「チャレンジ」が結実したとき、フェルナンデスのプログラムは素晴らしい引力を持ちます。特に、2シーズン前の2016年の世界選手権、フランク・シナトラの『Guys And Dolls』に乗せたフリー（Javier Fernandez 2016 Worlds FS）は見事でした。

私がこのプログラムで真っ先に思い出したのは、カナダの名選手、カート・ブラウニングの1993年世界選手権のフリー（Kurt Browning 1993 Worlds FS）。カート・ブラウニングは、『カサブランカ』と『道』、ふたつの名画からチョイスした曲で滑ったのですが、その粋だったこと！　フェルナンデスが演技中にポケットに手を入れる仕草を見せたとき、その姿が私の中で完全にカート・ブラウニングと重なりました。

フェルナンデスがもともと持っていたジャンプの能力に、「北米仕込み」と呼びたい歯切れのいいスケーティング。そこに小粋さも加わった、本当に素晴らしいプログラムであり、出来栄えでした。

フェルナンデスの平昌シーズンは、ショートプログラムがチャップリンの映画音楽のメドレー、フリーは『ラ・マンチャの男』です。

特に『ラ・マンチャの男』は、スペインの作家セルバンテスの小説『ドン・キホーテ』をベースにしたミュージカルの傑作。「これをハビエルがやらなくて誰がやる」というくらいの、ど真ん中の選曲と言っていいと思います。

羽生のフリーが『SEIMEI』、宇野のフリーが『トゥーランドット』。そのどちらも「日本人が、アジア人がやる必然性」にあふれた曲。つまり、それぞれが「自分自身の集大成になりうる、超勝負プログラム」をこのオリンピックに持ってきたわけです。楽しみで仕方ありません。

この『ラ・マンチャの男』を、私はオータムクラシック(2017 Autumn Classic

International FS）で見たのですが、やはり素晴らしいスケーティングをベースにしたものでした。

個人的には、イナバウアーからのトリプルループがツボ。バックアウトエッジで着氷し、そのエッジがバックインエッジに替わりながらホップする。テクニックに裏打ちされた小粋さは、やはり見ごたえがあります。

グランプリシリーズの中国杯では胃の不調を抱えての演技だったとのことですが、ポテンシャルの高さは言うまでもない選手。そのことは、フランス杯のショートプログラム（2017 Internationaux de France SP）で十二分に証明しました。体調万全で平昌を迎えたら、フリーでも圧倒的な「スペインの風」を起こしてくれるはず。その瞬間が楽しみです。

◆パトリック・チャン

スケーティングの「1歩」の伸び、スピード、そして極めて複雑なエッジワークなのに「観客席のいちばん後ろからでも、また、360度どこからチェックしても、『いま、どのエッジをどれくらいの深さで使っているか』ということが明確に見える」という技術。どれをとっても史上最強だと思います。私にとって「スケーティングの神」といえば、女子は佐藤有香、男子はパトリック・チャンです。

もちろん、素晴らしいスケーティングスキルを持つ選手はほかにもたくさんいます。ただ、第1章でも書きましたが、私にとっては２００９年の四大陸選手権のショートプログラム（Patrick Chan 2009 4CC SP）があまりにも衝撃的だったのです。

圧倒的なスピードとなめらかさ、そして「次の瞬間エッジがどう踏み替えられているか、まったく予想できない」ほどの複雑なトレース……。

「フィギュアスケートは、氷の上に図形（フィギュア）を描くスポーツである」ということを、19歳になる直前のスケーターが完璧な形で主張していたわけです。

ソチオリンピックを23歳で迎え、平昌は27歳で迎えることになるパトリック・チャン。私がチャンに感銘を受けているのは、極限まで磨き上げたスケーティングスキルももちろんですが、競技会に出場する選手としては大ベテランといってもいい年齢で、たゆまぬ進化を続けていることです。

2016年の四大陸選手権のフリー（2016 4CC FS）には、言葉にならないほどの感動を覚えました。使用したショパンの『革命～24の前奏曲第4番～スケルツォ第1番』が、チャンのエッジによって演奏されているかのような、濃密な一体感。

第2章でも書きましたが、スケートが、音楽そのものになる。そんなフリープログラムの決定版を見た思いでした。

そして2017年世界選手権のフリー（2017 Worlds FS）。いくつかのミスはありましたが、4回転サルコーは見事に着氷してみせました。26歳で、新しい4回転をプログラムに組み入れ、そして成功させる……。

「まだやれる。できると証明してみせる」

という意地、そしてその意地を支える技術の高さを、心ゆくまで堪能したのです。

この2017～18年シーズンのショートプログラムはカンサスの1970年代の大ヒット曲『Dust In The Wind』、フリーは、1997年に30歳の若さで亡くなったアメリカのシンガーソングライター、ジェフ・バックリィの『ハレルヤ』。静かな曲調に溶け込むチャンのトレース。どちらも、かなりスローな曲です。

ひと蹴りでどこまでも伸びていくスケーティングは、ますます「ピュア」になったような気がします。うまい。エッジが深い。スピードがある。そんなありきたりな褒め言葉の、さらに上をいくような感じと言いますか。「スケーティングとはこういうものだ」という、純粋な表現。余分なものをすべてそぎ落としたような質の高さ……。

美しいバイオリンの音に合わせた、左足フォアアウトエッジの非常に大きなカーブから始まるステップシークエンス。どれだけ見ても飽きることなどないでしょう。

2017年8月に開かれた「Onyx Figure Skating Challenge」という大会では、ショートプログラム（2017 Onyx Challenge SP）に4回転トウとトリプルトウのコンビネーションジャンプだけでなく、単独の4回転サルコーも組み入れていました。チャンのキャリアにおいて初めての「ショートプログラムで4回転2本」です。スケートカナダ（2017 Skate Canada SP）では4回転サルコーではなくトリプルルッツでしたが、プログラムの前半にこのジャンプを配置しているので、やはり「調子が上がってきたら、ここを4回転にする」という気持ちはしっかり持っているのだと思います。

それが平昌で見られるかどうか。それも気になるのですが、同時に、「パトリック・チャン自身にとって『4回転を何本入れるか』ということは、最大の目標ではないのかもしれない」という思いもあります。

平昌では、本人が納得できる時間を過ごしてくれたら、長年のファンとしてはそれがいちばん嬉しいかもしれません。"Sorry."などという言葉が、チラリとも頭に浮かばないような……。

◆ネイサン・チェン

「ザ・伸び盛り」という感じのアメリカの選手。平昌オリンピックは18歳で迎えます。

2017年の四大陸選手権で優勝。フリー（Nathan Chen 2017 4CC FS）をご覧になって、度肝を抜かれた方も多いと思います。

まだ若い選手ですし、トランジションを犠牲にしてでもたっぷり助走にあて、その勢いでジャンプを跳んでいくことも、「爽快感」ととらえたい私です。

ただ、何度も言うようですが、

「ひとつひとつのジャンプそのものの大きさ、軸の確かさ、着氷後の流れはどうなのか。そのジャンプの前後にステップは入っているか」

ですとか、

「技と技の間を、どんなエッジワークでつないでいくか」

によって、同じジャンプ構成でもプログラムの密度、難易度はグンと変わるもの。羽生やパトリック・チャン、ハビエル・フェルナンデスのジャンプに高い出来栄え点がつき、プログラムコンポーネンツに高得点が並ぶのは、そういう意味もありますが、ネイサン・チェンは、まだジュニアからシニアに上がったばかりの選手。「伸びしろがたっぷりある」という楽しみもあります。

2016~17年シーズンは、ショートプログラム、フリーともバレエの有名な作品から音楽をチョイス。個人的には、フリーの『ダッタン人の踊り』よりもショートプログラムの『海賊』(2017 4CC SP)のほうが好みです。

『ダッタン人の踊り』は、ラストがいちばん盛り上がる曲で、バレエでも、ラストではすべてのダンサーが舞台からすっ飛んでいきそうなほどエネルギッシュなダンスを見せます。そのイメージが強いので、プログラムの終盤、疲れがピークに達しているときのステップシークエンスを、エッジワークの大きさで「魅せる」のは至難の業のように感じられるのです。

ショートプログラムの『海賊』は、世界に冠たるバレエカンパニー・ABT（アメリカン・バレエ・シアター）のニュアンスがそこかしこに感じられる小粋な振り付けです。

「演技開始前のポーズは、イワン・ワシーリエフの『アリのバリエーション』（Ivan Vasiliev Le Corsaire Ali Variation）の最初のポーズに影響を受けたのかな」

「足替えのキャメルスピンの直後のポーズは、アンヘル・コレーラの『アリのバリエーション』（Angel Corella Le Corsaire Ali Variation）から相当インスピレーションを受けたのでは」

などと想像するのも楽しかった。アンヘル・コレーラはABTのプリンシパルだったダンサー。イワン・ワシーリエフはボリショイバレエ団のプリンシパル。客演のプリンシパルとして、ＡＢＴで『海賊』を踊ったことがあります。

いずれにせよ、こうしたバレエのニュアンスを色濃く出せるのは、当時17歳というネイサン・チェンの年齢を考えると驚異的です。

平昌シーズンの使用曲は、ショートプログラムにベンジャミン・クレメンタインの『ネメシス』。そして、フリーは映画『小さな村の小さなダンサー』（原題は『Mao's Last Dancer』）のサウンドトラックに、途中でストラヴィンスキーのバレエ音楽『春の祭典』がはさまれている……という編集です。

この『小さな村の小さなダンサー』は、毛沢東政権下に生まれ、舞踏家になるための訓練を受けた中国の青年が、アメリカに亡命して一流のバレエダンサーになるという実話を題材にした作品。「Mao（マオ）」は、毛沢東の「毛」を意味します。

「中国とアメリカを舞台にした、バレエが題材の映画……。この曲も『バレエをしっかりトレーニングした、中国系アメリカ人のネイサンがやらずに誰がやる』というようなチョイスだわ。勝負に出てきたなあ」

このニュースを聞いたとき、私はまずそう思いました。

しかし、ロシア杯のフリー（2017 Rostelecom Cup FS）を見たときに、考えが変わったのです。私の勝手な想像ではありますが、

「もちろん勝負にも出ているけど、『いちばん大きなゴールは、２０２２年の北京オリンピックで集大成を見せること』と考えているのでは」

と感じたのです。

よく知られたメロディとは決して言えない、非常に静かな曲調。若い選手が滑りきるのは、本当に難しい曲です。

加えて中盤の『春の祭典』は、現代バレエの超重要作品ながら、初演時は賛否両論の嵐が巻き起こったという非常に難解な問題作でもあります。チェンのフリーにも、明らかにバレエからインスピレーションを受けたであろう振り付けもありましたが、前シーズンの『海賊』よりも、やはり表現する難度ははるかに高い。

というのも、先ほどふたつの例を挙げましたが、チェンの『海賊』におけるバレエの影響が濃い振り付けは、スケートが止まっているときのもの。第2章でカタリナ・ヴィット

の『カルメン』について書いたことと重複しますが、「ポーズ」としての振り付けです。もちろん、しっかりバレエのトレーニングを積んだことがひと目でわかる質の高い「ポーズ」でしたし、滑っている最中のアームも、肩口からしっかり動き、腕部分はしなやかに使っている、非常にバレエ的なものでした。

対して今シーズンのフリーは、ステップシークエンスの始まりを予告するようなタイミングで、『春の祭典』からヒントを得たであろう、「前傾姿勢で、ひざを折った状態での両足ジャンプ」を取り入れている。しかし、それは「ポーズ」ではなく「動き」。ジャンプそのものも印象的におこなったうえで、後に続くステップに集中しなくてはいけないのです。

また、ショートプログラムのクールな曲調もチャレンジングだと強く思います。伝説的な女性歌手、ニーナ・シモンを思わせる、虚無感と諦念と、しかし強さのある声。ジム・ジャームッシュの映画『ストレンジャー・ザン・パラダイス』で使われていた、スクリーミン・ジェイ・ホーキンスの『I Put A Spell On You』も思い出しました。

この『ネメシス』も、個人的には好みの曲ですが、これを成熟した男性スケーターとして滑るのは難しいはず。しかし、音楽のスタートから、最初の技である4回転ルッツからのコンビネーションジャンプのための助走に行くまでの間。ここでもう驚きました。

音符のひとつひとつと足さばきを見事に合わせた、非常に目を引くオープニング。ネイサン・チェンの持ち味である、洗練された上半身の動きとのバランスも見事です。

「氷に乗っているとき以外の練習も、ものすごく濃密なのだなあ」と容易に推測できるプログラムデザインです。

「トータルパッケージ」への意識の高さを強く感じます。

「トータルパッケージ」という観点から、もうひとつ。『ネメシス』の冒頭のムーヴは、羽生結弦のショートプログラム『Let's Go Crazy』の冒頭のムーヴと同じタイプのものであることに、お気づきの方も多いと思います。

「左足のフォアのフラットエッジが、グンとアウトサイドエッジに傾き、ほぼ90度に曲がった後、もう一度エッジをフラット寄りに立てていく」

というもの。その一連の動きでどのくらいの「距離」を出しているか。エッジの緩急や深浅、なめらかさはどうか。そして、このムーヴが終わった後もさらなるトランジションを入れていく強さがあるかどうか……。

個人的には、「羽生のスケーティングとは、まだ少々差はあるかな」と感じました。

しかしこれはチェンを低く見た感想ではありません。羽生がこれを試合で取り入れだしたのは21歳のときです。すでにオリンピックと世界選手権を制していたスケーターと比較されるリスクを背負ったうえで、自分のトランジションをさらに高めようとしているのが、18歳のチェンだったということ。私は何よりも、この意識を高く買いたいと思ったのです。

また、フリーは、後半で明らかに疲れが見られる傾向が強いのも、コーチ陣は当然、想定して今後のトレーニングを考えてくるでしょう。ロシア杯では外した4回転ループを平昌で入れてくる、あるいは2017年グランプリファイナル（2017 GPF FS）でチャレンジしたように4回転ルッツを2回入れるプログラムを平昌でもおこなう決断をしたのなら……。現時点でもほかの選手にくらべてやや弱いトランジションが、より犠牲になる可能性もある。また、疲れの度合いもはるかに高くなってくる分、ミスの確率も高くなる。

それをどのように調整していくか。これもまた大きなチャレンジだと思います。

一般的な「ピークが来る年代」を考えたら、チェンの場合は間違いなく北京オリンピックのときにピークが来るはずです。大きなケガなく成長してほしいと強く思います。

「フィギュアスケート大国」と言えば、ほんの10年ほど前までは、日本ではなくアメリカがその呼び名にふさわしい国でした。もちろん、ここ数年でも、ジェレミー・アボットやジェイソン・ブラウンなどなど、素晴らしい選手をたくさん輩出していますが、「高難度のジャンプでも得点を稼げる」ということでいえば、チェンはティモシー・ゲーブル以来の選手なのではないかと思います。その分アメリカの期待も大きいでしょう。

ただ、私は、ネイサン・チェンは4回転よりもトリプルアクセルの着氷で、本当にヒヤヒヤするのです。

前述した通り、私は「選手の健康ファースト」派。トリプルアクセルの着氷時の、ひざと足首への力のかかり方が、羽生結弦や宇野昌磨のなめらかでエフォートレスな着氷に比べてはるかに大きいのが明確に見て取れる。それが心配なのです。本当にケガには気をつけて、と願わずにはいられません。

◆ボーヤン・ジン

２０１６年と２０１７年の世界選手権、２大会連続で銅メダルに輝いた中国の星ボーヤン・ジン（金博洋）。平昌オリンピックは20歳で迎えます。

非常に高く、回転軸も確かで、着氷の流れも素晴らしい４回転ルッツがトレードマークになっている選手。

また、前シーズンにあたる２０１６〜１７年に、「大化け」をした感があります。私はこのシーズン、すべての男子選手の中で、いい意味でもっとも驚かされたのはボーヤン・ジンでした。その理由は、これに尽きます。

「ボーヤン・ジンが、演技を覚えた」

２０１６年世界選手権のボーヤン・ジンのショートプログラム（Boyang Jin 2016 Worlds SP）と、２０１７年世界選手権のショートプログラム（2017 Worlds SP）を見比べる機会があったら、ぜひチェックしていただきたいと思います。

2016年の演技が、

「音楽に合わせて体を動かしている」

とするなら、2017年は、

「曲の世界観に沿った振り付けをこなし、物語の登場人物を演じている」

という感じ。曲が流れている時間のほとんどで、2016年の段階ではボーヤンの中に存在しなかった「スイッチ」を、ずっとオンにしたままで滑っているのが明確に見て取れたのです。2017年の『スパイダーマン』は、前シーズンのボーヤンとはまるで別人です。


2016年のフリー（2016 Worlds FS）と2017年のフリー（2017 Worlds FS）を見比べても、その差は明らか。フェデリコ・フェリーニの名作『道』の曲をバックに、道化師のユーモアとペーソスを表現できていたと思います。

もちろん、そういうことをもっと上手におこなう選手は何人もいます。しかしフィギュアスケートに限らず、難しいことを身につけるときは何だっていつだってそうですが、「5を10にする」よりも「0を1にする」ほうがはるかに難しい。「0を1にする」感覚をものにしたボーヤンが、この平昌シーズンでどれだけ伸びてくるのかも、私はとても楽しみにしているのです。

平昌シーズンのショートプログラムは、映画『グリーン・デスティニー』から曲をチョイス。そしてフリーはホルストの『火星（『組曲　惑星』より）』と映画『スター・ウォーズ』の音楽をミックス。

ショートプログラムは、中盤からラストまで、打楽器のみで押し通すスタイル。ジャンプの要素がすべて決まったら、観客の盛り上がりもすごいものになるでしょう。激しい和太鼓のリズムで押しまくった、長野オリンピックの銀メダリスト、エルヴィス・ストイコのショートプログラム（Elvis Stojko 1998 Olympics SP）を懐かしく思い出しました。

前シーズンのボーヤンは、シーズン序盤ではなかなかジャンプが決まらず、厳しい戦いを強いられていましたが、後半から大詰めにかけてきっちり調子を合わせてきました。世界選手権のショートプログラムとフリー、両方ともノーミスでおこなえたのは、8位入賞を果たした選手の中ではボーヤンだけだったのではないかと思います。

ショートは4回転2本、フリーは4回転4本。トリプルアクセルはショート1本、フリー2本。これだけのジャンプを決めて、しかも、2015~16年シーズンとは別人のような演技力も見せた。

あの「ピークを合わせてくる力」がこの平昌シーズンも発揮されれば、メダルに手が届く可能性も充分あると私は思っています。

ただ、少し気になるのはフリーの曲です。コレオシークエンスで使われている『スター・ウォーズ』のカンティーナ・バンドの音楽（チャールストン風の軽快な音楽です）と、前後の重厚な音楽とのバランスが極端すぎるように感じてしまって……。

前シーズンの『道』が非常に素晴らしいプログラムだったので、「この曲編集では、ボーヤンのよさをいかしきれないかも」と危惧する部分もあります。

ただ、これもネイサン・チェンと同じく「いまはまだ『まとめ』に入る時期ではない。本当のピークは北京オリンピック」と考えた末の、高いハードルかもしれません。

いずれにせよ、個人的にとても期待をしている選手なのです。ケガを治し、万全の状態で平昌を迎えられますように。

中国のフィギュアスケート界といえば、ペアスケーティングの層の厚さは世界でも最高レベルではないかと思いますが、私は「中国」というと、どうしても女子シングルの陳露を思い出してしまいます。

ラフマニノフの『ピアノ協奏曲第2番』の、静かな第2楽章だけを使った夢のように美しい1996年世界選手権のフリー（Lu Chen 1996 Worlds FS）はいまでも忘れられません。

私がついついボーヤン・ジンとリンクさせてしまう陳露のプログラムは、1995年世界選手権のフリー（1995 Worlds FS）、ジャンプをノーミスでまとめ上げた1994年NHK杯のフリー（1994 NHK Trophy FS）。曲は映画『ラストエンペラー』から。陳露の傑作のひとつですが、ボーヤンにもっと力がついたときに、あの曲で滑ったらとても似合うかもしれない……。そんな想像も楽しいものです。

◆田中刑事・無良崇人

平昌オリンピックに出場できる日本の男子選手は3人。「どの選手にも出てほしい」と思うほどなのですが、あえてふたりだけ取り上げさせていただきます。

田中刑事は2016〜17年シーズンのNHK杯のフリー（2016 NHK Trophy FS）が特に素晴らしかったのですが、平昌シーズンもこれで勝負に出ています。

曲は、フェデリコ・フェリーニの名画『フェリーニのアマルコルド』『カビリアの夜』『8½』をメドレーで。私はイタリアの映画監督ならフェリーニとヴィットリオ・デ・シーカが大好きで、『道』と『8½』は25年前、大学生のときに見てその日は眠れなくなるくらい感動したり興奮したりしたことをいまでも覚えています。

田中が使った『カビリアの夜』『8½』のあたりは、アイスダンスのウソワ&ズーリンのリレハンメルオリンピックのフリーダンス（Usova&Zhulin 1994 Olympics FD）を思い起こさせ、オールドファンとしてはそれも嬉しかった。

ウソワ&ズーリンの演技には、当時本当に驚きました。ミニマムな助走だけで、どうしてあんなにスムーズでシャープなカーブを描けるのか（しかもお互いのホールドが微動だにしません）。演技を見ている間じゅう、何度も「ひゃあー」と声が出てしまうほど、なめらかで無駄がなく、うまい。

カーレースでいうところの「ヘアピンカーブ」のようなエッジワークや、進行方向に対して90度に近い角度でスケートの刃を出していく（前に進むスピードをガッツリ削りかねない）エッジワークをこれでもかと入れても、スピードも体勢もまったくゆるみがないとは、いったいどうなっているんでしょう。

世界選手権の覇者であり、オリンピックでも複数のメダルを獲《と》っているアイスダンサーと、シングルのスケーターを、エッジワークで比較するのは野暮なので、ウソワ&ズーリンの話はこれくらいにしましょう。

個人的には、田中が２０１５～１６年シーズンの『椿姫《つばきひめ》』からガラリと趣を変え、こういったコミカルな曲にチャレンジし続けていることに拍手を送りたい気持ちです。

もちろん『椿姫』も素晴らしかったのですが、ドラマティックな曲の力を借りて演技にドラマ性を出すこと以上に、軽めの楽しい曲で演技全体から小粋さを浮かび上がらせることのほうがはるかに難しいと私は思うのです。その小粋さが、とてもよく出せる選手になって、ファンとしてはそれも大きな喜びです。最後のスピンも、特に足替え前のスピードに私はいつも目を奪われます。

この平昌シーズン、ロシア杯はケガで欠場。しかし、中国杯のショートプログラム（2017 Cup Of China SP）は素晴らしい出来栄えでした。使用した曲は、ゲイリー・ムーアの『The Prophet』。かなりブルース色の強いギターナンバーですが、それが似合う大人のスケーターになっていることが本当に嬉しかった！

トリプルアクセルの着氷からトランジションを入れ、そのまま流れるようにステップシークエンスに入るプログラムの構成も非常に好み。トリプルアクセルの着氷に自信がないと、こういう展開にはできないものです。

無良崇人は、２０１４〜１５年シーズンのフリー『オペラ座の怪人』を再演します。

２０１６年の四大陸選手権は、ショートプログラム（2016 4CC SP）もフリー（2016 4CC FS）も忘れ難い出来栄えでした。特にショートプログラムのトリプルアクセルは、その高さ、回転軸の確かさ、着氷のはるか前に回転をほどく余裕、まったくストレスのない着氷の瞬間、着氷後の見事な流れ、どれをとっても超一級品でした。愚直なまでに「ジャンプ」にこだわってきた無良の歩みが、あのトリプルアクセルにより、これ以上ない形で証明されたと感じたほどです。

また、第3章でも少し触れましたが、無良の2014年スケートカナダの演技（2014 Skate Canada FS）も本当に素晴らしかった。『オペラ座の怪人』のメロディに乗せて、4回転トウ2本を含む、高くて力強いジャンプがすべて、いい流れで着氷。ファントムのパッションや哀愁までもが立ち上ってくるプログラムでした。

平昌オリンピックでパフォーマンスを披露しているのは、田中かもしれないし、無良かもしれないし、ほかの選手かもしれない。しかし誰が代表に選ばれたとしても、選ばれなかった選手たちの素晴らしい演技はずっと胸の中に残しておきたいと思います。

女子シングル

◆エフゲニア・メドベージェワ

国家ぐるみのドーピング問題で、平昌オリンピックへのロシア選手団の派遣が禁止されることが決定しました。潔白が証明された選手は「ロシア代表」ではなく「個人」としての参加は認められるとのことです。ただし、グランプリファイナル終了日の12月10日の時点で、ロシアのスケーターのオリンピック参加ははっきりしていません。

ドーピング問題を軽視してはなりませんが、私個人としては、ドーピングをしていない選手の参加を強く希望したい。特に女子シングルの有力選手を国別で見たら、もっとも層が厚いのは間違いなくロシア。それはフィギュアスケートファンなら周知の事実です。

その筆頭格がエフゲニア・メドベージェワです。

初出場の2016年世界選手権で優勝、2017年に2連覇。おそらく、世界中のどのメディアも、彼女を金メダルの最有力候補と考えていることでしょう。何しろ、試合で転倒したことがニュースになってしまうくらいです。それは、「いつもどれだけ安定しているか」ということの証明でもあると思います。

しかし、単に「安定感がある」ということだけがメドベージェワの持ち味ではありません。とにかく、うまい。難しい要素を、こともなげにつなげていく、そのスムーズさ。試合ごとに「1歩」の距離もさらに出るようになっています。

ロシア杯のショートプログラム（Evgenia Medvedeva 2017 Rostelecom Cup SP）には、本当にうなってしまうばかりでした。

難しいポジションになってからチェンジエッジをするフライングキャメルスピン。反時計回りのツイズルから、エッジのフォアとバック、インとアウトを見事に切り替えていくエッジワーク、そしてその流れのままに、今度は時計回りのターン。ここまでを左足1本でおこなっている、ステップシークエンスの冒頭部分。

コンビネーションジャンプの着氷後にさえトランジションをつけられる強さ。

トリプルループに入る前も着氷した後も、右足1本ですさまじい速さと距離のステップを踏んでいる。このトランジションの見事さ。

本当に、強さとうまさが素晴らしいバランスでミックスされています。

第3章で私は、「女子選手は、10代中盤までに身につけたジャンプやスケーティングのテクニックを『磨き上げる』ことで、シニアの世界でも伸びていく傾向がある」と書きましたが、その最先端を走り続けている選手であることは間違いないと思います。

フリーでも、片足でさまざまな図形を描きつつ、進行方向へのスピードがまったく落ちない見事なエッジワークや、ほぼすべてのジャンプの前後にトランジションを入れてくる密度の高いプログラムを堪能させてくれるでしょう。

メドベージェワより高いジャンプを跳べる選手はいるかもしれない。メドベージェワよりもスケーティングスキルそのものが高い選手もいるかもしれない。しかし、メドベージェワが強いのは、そのどちらも非常にすぐれていて、誰よりも密度の高いプログラムを、誰よりもミスが少なく滑ることができる点です。

唯一、気になるところを挙げるとすれば、私個人の印象だと「両手タノを含む、タノジャンプの回数の多さ」になるでしょうか。

フリープログラムでは「同じジャンプを跳べるのは2種類・2回まで」というルールが

あります。ひとつのプログラムの中でトリプルルッツを3回跳んだり、トリプルルッツとトリプルループとトリプルトウを2度ずつ跳んだりしてはいけないわけです。「テクニックにバリエーションがなくてはならない」という視点から定められたルールです。

タノジャンプは「腕のポジション」についての言葉ですので、踏み切り時のエッジで定められている「ジャンプの種類」ではないのですが、「ジャンプの種類だけではなく、腕のポジションの実施回数にも制限があってもいいかな」と思うのです。

ただ、これはメドベージェワが悪いわけでは決してない。メドベージェワと彼女のチームは、あくまでも現状のルールの中で作戦とプログラムを考え、一心に練り上げてきているわけですから。

メドベージェワは、右足の骨折で2017年のグランプリファイナルを欠場しました。2017年の世界選手権で優勝したシングルスケーターである羽生結弦とメドベージェワが、どちらもケガをしているわけです。スケートファンとして、ただただ胸が痛い。

もちろん、羽生と同様、メドベージェワも平昌で素晴らしいパフォーマンスを披露してくれる。私はそう固く信じていますが、そのためにも自分の体を大事にしてほしいと切に願っています。メドベージェワが骨折を押して「グランプリファイナルに出場する」と意思表示したことを好意的に評したメディア関係者もいましたが、私は大反対の立場です。

羽生やメドベージェワだけに限った話ではありません。素晴らしい選手は、素晴らしい演技で感動させてくれればいい。「ケガを押して出場する」ことで生まれる感動など、私は欲しくない。スケーターたちがそのような種類の感動のために自分を犠牲にする必要は、一切ありません。

◆ケイトリン・オズモンド

カナダの選手です。私はこの選手の2016～17年シーズンのショートプログラム、エディット・ピアフの『パリの空の下』と『ミロール』を使った作品が本当に好きでして、この平昌シーズンも同じプログラムを継続するというニュースを耳にしたときは本当に嬉しかった。グランプリファイナルでの演技（Kaetlyn Osmond 2017 GPF SP）から、その見どころを記してみます。

プログラム全編にわたって、「右足・左足のそれぞれの片足滑走」で、「フォア・バック」「インサイド・アウトサイド」のエッジワークを隙間なく詰め込み、そのほとんどが曲のリズムや音符とピッタリ合っている。誤解を恐れずに言えば「異常な」レベル。

トリプルフリップからトリプルトウのコンビネーションジャンプであっても、ジャンプの前と後にすさまじいコネクティングステップを入れている。かつ、ジャンプ自体のスピード、大きさともに群を抜いている。

フライングキャメルスピンに行く前、オズモンドの本来の回転方向とは逆の、反時計回りの小さなターンを入れ、そのまま非常になめらかで大きなイーグル、そしてバタフライへ。この一連の流れがトランジションになっている。スピン自体も、難しいポジションになってからチェンジエッジをおこなっている。

エッジを替えていくステップとムーヴス・イン・ザ・フィールド、両方を組み合わせた、ダブルアクセルのエントランス。ダブルアクセルの着氷後はダイレクトにトランジションを入れ、レイバックスピンまでを「ひとつの流れ」としています。

ウィンドミルからレイバックスピンに行く際の流れがスムーズで、スピードも充分。

ここまで密度の高いことを、「難しいことをしている」素振りをまったく見せず、エディット・ピアフのヴォーカルのイメージそのものである、「情感やオンナっぷりが豊かで、ちょいセクシー」なニュアンスを振りまいて実施しているのですから、ただただうなるばかりです。


フリーは、映画『ブラック・スワン』の中で使用されたバレエ音楽『白鳥の湖』を編集した曲で滑ります。２０１７年スケートカナダ（2017 Skate Canada FS）の衣装を見る限りでは、黒鳥を演じるのかと思いましたが、イントロダクションから始まり、途中に白鳥のパートが入り、第３幕のラストである、

「舞踏会に紛れ込んだ黒鳥・オディールとロットバルトが、王子からの永遠の愛の誓いを受けた瞬間、正体をバラして高笑い。そして王宮は大混乱に」

の曲でフィナーレ、という構成でした。

『白鳥の湖』で演技をしたスケーターは非常に多いのですが、オズモンドの構成で私が思い出したのは、サーシャ・コーエンの２００４年世界選手権のフリー（Sasha Cohen 2004

Worlds FS）です。イントロダクションからプログラムが始まるところはもちろんですが、プログラム終盤、ステップシークエンスに入る瞬間に「正体バラして高笑い」の曲が始まり、スパイラルに入る瞬間に、曲のいちばんの盛り上がりどころを合わせる。そこに共通点を強く感じました。

黒鳥の衣装でこのバレエを演じる……。私にとっては１９９４年リレハンメルオリンピック、オクサナ・バイウルのテクニカルプログラム（Oksana Baiul 1994 Olympics TP）が、ベスト・オブ・ベストです。テレビ中継で解説を務められていた、かつての名選手、五十嵐文男さんが、

「これほどバレエを身につけて、氷上に持ち込んだ人を、僕は初めて見たような気がします」

と、感に堪えない口調でおっしゃっていたのをよく覚えています。

プログラム全編にわたる、バイウルのアームのしなやかな動き。

1度フリーレッグを前に出し、その足を、上半身を倒す勢いをまったく利用することなく（むしろ美しく反った状態にして）後ろに90度上げていく、見事なスパイラル。しかも、

「足を後ろに上げたとき、ひざが下ではなく、真横を向いている。ひざから足首、つま先までが一直線になっている。それゆえ、足の甲部分だけが見えて、かかとはまったく見えないようなラインになっている」

という、バレエをやっている人ならではのポジションをとっています。

ドーナツスピンをほどく際にも水平を保つ、肩から腕のライン。

黒鳥の見せ場、32回のフェッテを模したサーキュラーステップ。その場で回転するのではなく、小さく回転しながら大きな円周を描いていくスタイル。ソビエト連邦時代の国宝級バレリーナ、マイヤ・プリセツカヤ（Maya Plisetskaya Swan Lake）の黒鳥を思い起こさせます。

バイウルはテクニカルプログラムで「黒鳥」を、エキシビション（1994 Olympics EX）では『瀕死の白鳥』を踊り、文字通りリレハンメルのプリマドンナになりました。

メジャーな曲ゆえ、観客もすでにさまざまな「名作」を見て、目も肥えているはずの『白鳥の湖』。この曲でオズモンドがどこまで会場を魅了できるか。あれだけ大きなジャンプをプログラム全編にわたってきっちりまとめるのも至難の業でしょうが、私は前向きに注目しています。

◆カロリーナ・コストナー

平昌オリンピックを31歳で迎えるイタリアの大ベテランです。25歳まで現役で滑ってくれたら「大変に息の長い選手」と呼んでいい女子シングルの世界で、驚異的なまでのキャリアの長さ。かつ、2012年世界選手権の優勝者であり、2014年のソチオリンピックの銅メダリストでもあります。

26歳まで現役を続けてくれた日本の宝・浅田真央もそうなのですが、素晴らしい選手が長い間、第一線で競技を続けてくれるのは、私にとってはただただありがたい。

コストナーの名演技をひとつふたつ程度挙げるのは、本当に難しい。どの演技を見ても、絶品中の絶品である「スケーティング」を堪能できるからです。

男子のパトリック・チャンへの感想とも共通しますが、「うまい」とか「エッジが深い」とか「速い」といった感想がすべてありきたりに聞こえてしまうほどのクオリティ。やはり、チャンに対してと同様、ここでも「ピュア」という言葉を使いたいと思います。「余分な力をギリギリまでそぎ落としたら、こうなる」という見本のような足さばきです。氷は、本来、ものすごく固いものです。その固い氷の上を、金属でできた薄い刃に自分の体重を乗せて滑っていくわけです。その事実を踏まえたうえで、コストナーが滑っている姿を見ると、今度はその事実が信じられなくなってくるのです。

氷の上ではなく、雲の上とかゼリーの上を圧倒的なスピードで駆け抜けている。そんな形容をしたくなるほど、「エッジが氷を押している、氷を削っている」感じがしない。「そのスケーティングに注目してほしい」と言う必要もないかもしれません。否が応でも目を吸い寄せられるに決まっていますから。

確かに、若い時代よりもジャンプの難度は下がりました。しかし、「スケーティングスキルを磨き上げ、そのスケーティングをベースに、ジャンプやスピンを見事なエッジワークでつないでいくのが、フィギュアスケートである」というコストナーの「回答」が、くっきりと浮かび上がってきます。

今度のオリンピック、コストナーは「メダルを獲りたい」というような、順位的な目標は定めてはいないような気がします。もっとシンプルな、「競技会で、たくさんの人に、『これが私のスケートだ』という演技を見せたい」という思い。そしてもうひとつの動機をつけ加えるなら、「若い選手たちに、インスピレーションを与えたい」という思いを強く持っているのではないか、と。

「滑りそのものは、ここまでうまくなるんだ。そうすれば、ジャンプの難度が多少落ちたとしても、ここまでの点数が出るんだ。そして、ここまで長いキャリアで、滑ることを楽しめるんだ」

ということを、イタリア本国のみならず世界中の若い選手たちに気づかせるだけの力が、コストナーのスケートにはあると思っています。

録画して、その演技を何度も何度もじっくり鑑賞するに値するスケーターです。

◆宮原知子《さとこ》

2015年、初出場となった世界選手権で銀メダリストに輝きました。この大会における宮原の鮮烈な印象といったらありませんでした。

そして、そんな結果におごることなく、成長を続けている選手です。

２０１６年世界選手権フリー（2016 Worlds FS）を見ながら、「どの場面を切り取っても、美しいスケーターになったなあ」と、深い感慨を覚えました。

「ピクチャー・パーフェクト（picture-perfect）」という言葉が英語にありますが、まさにその言葉通り「すべての瞬間がシャッターチャンス」という感じなのです。

特に、ジャンプ着氷時の上半身の使い方、フリーレッグのさばき方、しなやかなアームなどは、出場していた全選手中のトップに挙げたいと思ったほどです。体の線の美しさやポジションに非常に厳しい解説者、ディック・バトン氏ですら手放しで絶賛するのでは、と思ったほどです。

左右どちらでも自然に回れるスピンやツイズルなどの技術もますます向上しているのが素晴らしい！

非常に精緻で洗練された技の数々、そして、スケーティング……。心が洗われるような感動でした。

持って生まれたジャンプの高さや大きさで勝負するタイプではないのですが、逆に、ふだんからどれだけ濃密な練習をしているのかがうかがい知れる演技でした。

しかし、その「努力家すぎるほど、努力家」な面は、体のほうに影響を及ぼしてしまいました。２０１７年のはじめに、疲労骨折が判明し、その後の大会を欠場しています。

この平昌シーズン、宮原のショートプログラムは映画『ＳＡＹＵＲＩ』のサウンドトラック。フリーはオペラの『蝶々夫人《ちょうちょうふじん》』。どちらも、世界中の人たちに「和」のエッセンスを届ける選曲です。いい意味で、完全に「狙って」きています。宮原は、このふたつの曲をチョイスした時点で、平昌の舞台に立っている自分を想定していたことでしょう。

『ＳＡＹＵＲＩ』は、中野友加里が日本で開催された２００７年世界選手権のショートプログラム（2007 Worlds SP）で素晴らしい演技を披露したことが記憶に残っています。ノーハンドの変形スパイラルのアームのポーズには「こういう表現があったんだ！」と目からウロコが落ちたほどです。

『蝶々夫人』は浅田真央の２０１６年世界選手権フリー（2016 Worlds FS）や荒川静香の

2004年NHK杯ショートプログラム（2004 NHK Trophy SP）など、やはり日本人選手による素晴らしいプログラムがありますが、私としては日系アメリカ人のクリスティ・ヤマグチが、プロスケーターになってから演じた『マダム・バタフライ』（Kristi Yamaguchi Madame Butterfly）も大好きです。

復帰初戦の2017年11月のNHK杯、ショートプログラム（2017 NHK Trophy SP）もフリー（2017 NHK Trophy FS）も、涙ぐみながら観戦していました。

宮原がもともと備えていた、スピード感たっぷりで、かつ精緻でエレガントな滑り。そこに、明らかに切れ味とパワーが加わっていました。

ケガの治療中も、上半身の筋力トレーニングをしっかりおこなっていたことが見て取れたのです。切れ味とパワーは、グランプリファイナルのショートプログラム（2017 GPF SP）とフリー（2017 GPF FS）でさらに向上していたのも素晴らしい。「努力家すぎるほど、努力家」な姿勢が、こういう形で実を結びつつあることが、私には本当に嬉しかった。このふたつのプログラムをオリンピックの舞台で演じられたら、見る者にとっても幸福な体験になるはずです。

◆三原舞依

この1年で驚異的な成長を遂げた選手。私が個人的に大注目している選手でもあります。若年性突発性関節炎という原因不明の難病にかかり、2016~17年シーズンに復活を果たした選手です。

2016年の中国杯のショートプログラム(2016 Cup Of China SP)を見たときは、まさに度肝を抜かれました。非常に明確なエッジワークがどんどんスピードアップしていくのです。宮原知子にも言えますが、この「スピードが速くなっていくエッジワーク」をものにしていることが、何よりの強み。

冒頭のルッツで、「力」や「勢い」ではなく「タイミング」で踏み切り、空中で3回転きっちり回りきり、着氷前にはアームを開いてランディングの体勢に入っていることがはっきりと見て取れる。このクオリティで、グッと観客を引きつけるのです。

そんな見事なジャンプとエッジワークを見ながら、

「三原舞依の上体の動きが洗練されたら、世界中にファンが生まれるはず」

とも思ったのです。

私は基本的に、自分のことならともかく他人様のことについて、「〇〇が××だからダメ」という考え方、書き方をしたくありません。「〇〇が◇◇だったら、さらに素敵」という考え方をする人間です（自分の本業である、女性に向けたエッセイにおいても、フィギュアスケートのことを書くときにおいても）。

しかし三原自身は、「表現力の点では世界と戦えない」と、2017年の四大陸選手権優勝後のインタビューではっきり口にしていました。この自分に対する厳しさも、リスペクトに価します。

その言葉通り、三原は、2016年12月の全日本選手権から2017年2月の四大陸選手権、その2か月足らずで、振り付けを何箇所かブラッシュアップしていました。

特に印象的だった箇所をひとつ挙げるとすれば、フリー（2017 4CC FS）の、単発のダブルアクセルを降りて、ステップシークエンスに入る直前。

全日本選手権まではずっと、「両腕を水平に広げ、音楽に合わせて握っていた拳をパッと開く」という振り付けでしたが、四大陸選手権では、ニュアンスのある、エレガントなアームのポーズ（かつ、片足滑走）に変えていた。

こうした変化、進化は、この平昌シーズンでも随所に見られます。中国杯のショートプログラム（2017 Cup Of China SP）の『リベルタンゴ』を、前シーズンのプログラムと比較すると、トランジションが濃密になったのを感じます。前シーズンは、「ダブルアクセルに行く前の助走部分が、ちょっと長いかな」という感じもしたのですが、今回はそういった部分を感じませんでした。「中身が詰まった」印象がさらにアップしていたわけです。

フリー（2017 Cup Of China FS）の曲は『ガブリエルのオーボエ』。このプログラムでは、単独ジャンプに行く際のトランジションが、前シーズンの『シンデレラ』よりはるかに多彩になっているのを感じました。ダブルアクセルからトリプルトウのコンビネーションでの助走はグッと減りました。また、トリプルループはバックアウトサイドのスパイラルから、1度前向きのエッジに替わり、そこからさらにバックアウトエッジに切り替えてからジャンプを跳んでいる。「両手タノ」で跳んでいるトリプルサルコーも、踏み切り前の鋭いエッジワークに目を見張りました。

ジャンプの着氷後の流れも本当にいい選手ですので、ジャンプ後のトランジションにもさらにバリエーションをつけられるかもしれない。そんな、さらなる伸びしろも想像させてくれる、素敵な選手です。

好きな選手だからこそ、欲を言わせていただくなら……。きっと、氷を離れても、ものすごく真面目な性格なんだろうな、と思うのです。ピアソラの『リベルタンゴ』は、もっと「悪女」になっていいプログラム。近い将来そんな姿も見てみたい、と、少し思っていたりします。

振り付けと音楽の世界観。それがさらに一体化していったら、世界のトップ中のトップたちの間に一気に割って入る可能性もある選手だと思います。

浅田真央に憧れているという三原舞依、演技全体から香り立つ爽やかな持ち味に、なんとなく共通するものを感じて、浅田ファンとしてはそれもまた嬉しくなります。

◆樋口新葉《わかば》

本当に爽快な演技をする選手です。そのいちばんの要因は、圧倒的なスピード。

前シーズンはケガの影響もあったのでしょうか、シーズン終盤に行くほど本人としてはもどかしい試合が続いたかと思います。

その悔しさをバネにして、中身の濃いトレーニングを続けてきたことが、この平昌シーズンのスタートからはっきり見えています。

ショートプログラムの曲は、バレエ『ドン・キホーテ』から「ジプシーダンス」。フリーは映画『007　スカイフォール』から（アデルのヴォーカルが入ります）。

ロシア杯で披露した演技も素晴らしかったのですが、その次の大会の中国杯では、ショートプログラム（2017 Cup Of China SP）もフリー（2017 Cup Of China FS）も、さらにギアを上げてきた。精神的にも張り詰めた中で、日々のトレーニングを積んでいるのでしょう。

ショートプログラムもフリーも、非常になめらかで明快なエッジワークを見せながら、「カッ飛んでいくような」とか「すっ飛んでいくような」と言いたくなるようなエネルギッシュなスケーティングであり、プログラムでした。

個人的に、樋口のジャンプでもっとも好きなのはダブルアクセルです。非常に幅があり、空中での回転軸の素晴らしさと、着氷のはるか前に体をほどいて降りてくる、余裕たっぷりのさばき方。そして着氷してからは「世界中の全選手の中でナンバーワン」と言いたいほどの見事なトレースが、跳ぶ前のスピードそのままに描かれていきます。

「ダブルアクセルは、競技会に出るレベルの選手ならば誰もが跳べる基本的なジャンプ」と思う方もいるかもしれません。が、その「基本的なジャンプ」も、磨き上げたらここまでのクオリティ、ここまでの美しさになる。そういったことを教えてくれるような出来栄えだと思います。

また、フリーのトリプルループも非常に好きです。右足だけできれいなターンを描き、そのままなんの力みもなくフワッと跳び上がったかと思うと、トリプルループになっている……というイメージ。その軽やかさに目を見張ります。

レイバックスピンは、ビールマンポジションには行きませんが、その代わり、キャッチフットしてからのスピードは申し分なし。単に「滑るのが速い」だけではない、着氷の見事な流れやスピンの回転速度の変化など、さまざまな要素で「スピード」をアピールできるのが、樋口新葉の大きな強みだと思います。

エッジワークで個人的にいちばん好きなのは、フリーのコレオシークエンスです。バレエジャンプから即座にベスティスクワットイーグルに入るのですが、そのベスティスクワットイーグルが、アウトサイドエッジからインサイドエッジへと替わっていく。この一連の流れが本当に素晴らしい。これをスピード感たっぷりに見せてもらえたら、もう拍手するしかありません。

このコレオシークエンスで、ロシア杯ではメドベージェワよりも高い加点（GOE）をもらっていたのも納得です。

エッジが替わっていくベスティスクワットイーグルで思い出すのは、アイスダンスの歴史の金字塔、グリシュク&プラトフの1997年のフリーダンス。プログラムの中盤で、ふたりで見事にシンクロした、インサイドエッジからアウトサイドエッジへと替わっていく、このイーグルを見せました。この演技で、この年の世界選手権でも優勝していますが、私としてはヨーロッパ選手権のフリーダンス（Grishuk&Platov 1997 Euro FD）が完全無欠の出来、という感じです。

樋口のスケーティングから、私は、この平昌シーズンに懸ける彼女の強い思いを感じ取っています。平昌に出場することになったら、そのスピードと歯切れのよさで、世界を驚かせてくれるはずです。

◆本田真凜《まりん》

先に挙げた宮原知子、三原舞依、樋口新葉。日本の女子選手でオリンピックに出られるのは、ふたり。確実にこの3人のうち、ひとり以上は平昌には行けないということになります。なんという厳しさ。個人的な感想ですが、女子シングルの国別の代表争いで、もっとも大激戦な国のひとつが日本だと思います。

この3人のほかにも、日本には素晴らしい選手がたくさんいます。その中で、大きな話題を集めているのが本田真凜でしょう。

本田真凜は、この平昌シーズンからシニアデビュー。前シーズンの世界ジュニア選手権では素晴らしいフリー（2017 Jr.Worlds FS）を披露しました。

本田真凜もとても好きな選手です。スケートカナダ、ショートプログラムは本人も悔いが残る出来だったでしょうが、フリー（2017 Skate Canada FS）は素晴らしい出来でしたし、次戦の中国杯のショートプログラム（2017 Cup Of China SP）では、きっちり盛り返してきました。

私は、本田のトリプルサルコーに入る前の非常に鋭いエッジワークと、トリプルループに入る前の右足1本でおこなう非常に軽やかなエッジワークが、ジャンプ前のトランジションとしてはことのほか好きなのです。

本田真凜にはこのまま順調に伸びていってほしい。大きな期待を寄せているからこそ、「本田の周辺」に関して言いたいことがあります。

本田は、これからの選手だと思います。2022年の北京オリンピックで、大きく花開くポテンシャルを十二分に持っている。

だからこそ、現在メディアが本田について騒ぎすぎていることが気がかりなのです。本田に不要なプレッシャーを与えるかもしれない。あるいは、メディアの狂騒の反作用で、必要以上に厳しい世間の目が本田に注がれてしまうかもしれない。そんな状況に、私は大きな不安を感じているのです。

平昌オリンピックに出られたとしても、出られなかったとしても、本田にはのびのび育ってほしい。私が願っているのはそれだけです。

◆本郷理華

スポーツを観戦するワクワク感を存分に味わわせてくれる選手です。2016年世界選手権のフリー（2016 Worlds FS）は、「これぞ躍動感！」と言いたくなる素晴らしい作品でした。アイルランドのエッセンスがたっぷり詰まった『リバーダンス』。演技の中盤からラストまで、ほぼノンストップで突っ走ります。

本郷理華のキャリアを、例えば10年後に振り返ったとして、あの『リバーダンス』は間違いなく彼女のベスト演技のひとつに入る。そんな作品でした。

本郷の平昌シーズン、フリーは映画『フリーダ』からの曲を使用。『フリーダ』はメキシコの画家、フリーダ・カーロの生涯を描く作品。フリーダ・カーロは、病気や事故の後遺症による痛み、女性として生きることの痛みを絵で表現し続けた画家です。

ポップの女王・マドンナは、アメリカの片田舎から、ほとんど身ひとつでニューヨークに出てきました。大都会で生き残るためにヌードモデルもやり、時には銃を背中に突きつけられて、レイプされた経験もあったそうです……。さまざまな苦難の中を生きる日々がずっと続いていた。それでも、成功するために必死だった。

金目の物など何もない安アパートの部屋でつらさに押しつぶされそうなとき、マドンナは、フリーダ・カーロのポストカードを眺めては、

「彼女（フリーダ）はできた。私にだってできる」

と自分を鼓舞した、と、雑誌「ハーパーズ・バザー」2014年3月号のインタビューで語っています。

自分の痛みや苦しみから逃げない。その痛みや苦しみのすべてを作品世界に転化しようする強い意志。その意味でフリーダ・カーロは、表現方法こそ違えど草間彌生《やよい》と双璧を成す芸術家だと私は思っています。もちろん、大好きな芸術家のひとりです。

あまたいる日本人の女子選手の中で、フリーダ・カーロが似合うのは誰か。本郷理華の右に出る者はいないと思います。この世界観を本郷がチョイスしたことに、私は大きな拍手を送りたい。エキゾティックな美しさ、型破りなパワー。悲しみや困難を乗り越え（時

には抱えたままであっても）、自分と向き合い続ける姿勢……。そんなフリーダの生き様が、本郷理華の躍動感と素晴らしい化学反応を起こしてくれるかもしれない。この平昌シーズンのどこかで、いえ、彼女のキャリアの中のどこでもいい、そんな演技を見せてくれることを、私は猛烈に期待しているのです。

第5章　歴史から学ぶ——選手が望むもの、私が望むもの

金メダルを獲れなかった世界チャンピオン

オリンピックは4年に1度の大イベントです。私がフィギュアスケート観戦にのめり込んだのが1980年のレークプラシッドオリンピックからですから、ソチが10度め、今度の平昌で11度めのオリンピックです。

そして世界選手権は、1980年（ドイツのドルトムントで開催）から2018年のミラノ大会まで含めると39度めです。

世界選手権に優勝しても、オリンピックチャンピオンにはなれなかった選手はたくさんいます。オリンピックで3位以内に入れなかった世界チャンピオンもいるのです。

では、彼らは、オリンピックチャンピオンになることに「失敗」したのでしょうか？

オリンピックのメダリストになることに失敗したのでしょうか？

逆に、オリンピックチャンピオンになっても、世界選手権では優勝できないまま引退した選手もいます。

彼らは、タナボタでオリンピックチャンピオンになったのでしょうか？

答えなど言うまでもないでしょう。

成功は、金メダルでは測られない

私には大好きなスケーターが本当にたくさんいて、チョイスに困るのですが、その中からひとり、ミシェル・クワンという選手をご紹介します。

世界選手権に5度優勝した、押しも押されもせぬ女王。私にとっても、好きな演技を挙げ始めたら、きりがなくなるほどの選手です。しかしオリンピックは長野で銀メダル、ソルトレークシティでは銅メダルでした。

特に、アメリカ人のクワンにとって、本国でおこなわれたソルトレークシティオリンピックには、期するものがあったと思います。

ショートプログラム（Michelle Kwan 2002 Olympics SP）は1位で通過（個人的には、トリプルフリップが回転不足かな、とも思いますが、当時は、回転不足がいまほど厳しく見られていなかった側面もあります）。

しかし、フリーのトリプルフリップで、ほとんど尻もちをつきかけてしまうようなミスが出て、銅メダルに。

この大会で、クワンとともに金メダル候補の筆頭に挙げられていたのは、ロシアのイリーナ・スルツカヤ。スルツカヤも、フリーのトリプルフリップで着氷の乱れがあったこと、そしてトリプル・トリプルのコンビネーションを入れなかったことが響いたのか、銀メダルに終わりました。

金メダルは、トリプル・トリプルのコンビネーションを2回決めたサラ・ヒューズが獲りました（サルコー+ループと、トウ+ループ。2度めのループはかなり回転不足ですが、前述の通り、当時はそれほど回転不足が厳しく見られてはいなかった印象です）。

私は、サラ・ヒューズがタナボタでチャンピオンになったとは決して思いません。ショートプログラム、フリーともにガツンと攻めて、ノーミスで演技を完成させたからこその金メダルであったのは、疑いようもないことだからです。

同時に、ミシェル・クワンやイリーナ・スルツカヤの素晴らしさに、「オリンピックチャンピオンになれなかったこと」程度でケチがつくはずがない、とも確信しています。心からそう思っているのです。

ソルトレークシティオリンピックのエキシビションで、アメリカのテレビ局で解説を務めていたサンドラ・ベジック氏（元ペアスケーター。現在は著名なコレオグラファーでもあります）が、ミシェル・クワンの出番のとき、この言葉を残しました。

「成功というものは、常に金メダルで測られているわけではないのです」

この言葉を聞いて、思わず涙ぐんでしまいました。

もちろん私は、この言葉に全面的に賛成です。

スポーツの世界において、ひとりひとりの選手にピークは何度か訪れるもの。1年のうちでも波があるでしょう。

また、「20歳で選手としての絶頂期を迎えたのに、オリンピックは2年後にならないとやってこない」という現実に直面した選手もたくさんいるでしょう。

フィギュアスケートに限定すれば、先に滑った選手たちが氷につけた溝に引っかかって、つまずいたり転んだり。そんな不運に見舞われた選手もたくさんいます。

それでなくても、「ノーミスで滑れたら、奇跡」と言いたくなるほど、トップの選手たちは高難度の技を入れ、密度の高いトランジションを入れ、プログラムを作っていることを、そもそも忘れるわけにはいきません。

選手たちが、ベストな結果を求めるのは当然です。その結果が「金メダル」なら、それを目標にするのも当然です。

しかし、残酷なことに、金メダルはひとりにしか与えられません。

それを踏まえたうえでも、私は、「金メダルを与えられなかった人は、ベストではない」とは、どうしても言えないのです。

英語には、「今日は私の日ではなかった」という言葉で、幸運が自分にほほえまなかったことを納得させる文化があります。私はそれを非常に素晴らしいと思っています。

幸運・不運は、「その人がすべてを懸けてきた」という厳然たる事実に、なんの傷も与えません。

クワン、スルツカヤ、そしてブラウニング、ストイコ……

ミシェル・クワンの演技に瞠目《どうもく》したのは、1996年世界選手権のショートプログラム

(1996 Worlds SP)。スパイラルの柔軟性とスピード、トリプルルッツを15歳で確実に決める勝負強さ、ダブルアクセル着氷後の見事なフローと体勢の保持。そして、度肝を抜かれたのが、フライングシットスピン。

「スピンの回転速度を、曲のビートなりメロディのスピードとピッタリとシンクロさせ、音楽との同調性をさらに高める」

ということを、これ以上ないほどに鮮烈に見せつけられました。

「要求されるエレメンツの中で、ジャンプに比べてどうしても地味に見えてしまうこのスピンにも、こういう見せ方があったのか」

と、私はただただうなるばかり。新たな「フィギュアスケートの奥深さ」を教わった気分になったものです。

また、ミシェル・クワンには、「エフォートレス・スケーティング」のなんたるかも教わりました。雲の上を滑っていくようなエアリー感と、厳密な体重移動ができているからこそ可能な、スピード豊かに流れていくトレース。その究極ともいえる演技を、1998年全米選手権のフリー(1998 Nationals FS)で見せてもらいました。

もちろん、スルツカヤの素晴らしさも忘れられません。ソルトレークシティのショートプログラム（Irina Slutskaya 2002 Olympics SP）は、ジャンプの高さ、大きさは言うに及ばず、リンクの端から端まで右足だけで敢行したストレートラインステップの、最後まで落ちないスピードとシャープさに目を見張りました。

２０００年グランプリファイナルのフリー（2000 GPF FS）は、トリプルルッツ＋トリプルループ、トリプルサルコー＋トリプルループ、ふたつのトリプル・トリプルのコンビネーションに、思わず声を上げてしまったほどです。私が初めて「トリプルルッツ＋トリプルループ」のコンビネーションジャンプを見た瞬間でした。

２００３年に重い自己免疫疾患にかかり、復帰は絶望的と見られていたのに、２００５年世界選手権で優勝。ノーミスのフリー（2005 Worlds FS）では「２回跳べるジャンプは２種類まで」のルールを忘れてしまったのか、トリプルループを３回跳んでしまったのもご愛嬌。３つめのトリプルループの点数は加算されませんでしたが、それでも圧倒的な優勝でした。

体を自由に動かせる喜びが、超一流アスリートならではの数々のエレメンツで表現された、本当に素晴らしいプログラムでした。

もうひとり、女子で挙げるなら、私はロシアのマリア・ブティルスカヤ（ロシア語をカタカナにする場合、さまざまな表記の可能性がありますが……）です。

1999年世界選手権で優勝したときのショートプログラム（Maria Butyrskaya 1999 Worlds SP）のジャジーな雰囲気も、重厚かつ、素晴らしい「泣き」の旋律がたっぷり入った『Otonal』をバックに、ノーミスの演技を見せたフリー（1999 Worlds FS）も、忘れることができません。

2006年トリノオリンピックで荒川静香がフリー（2006 Olympics FS）『トゥーランドット』を滑り切ったとき、アメリカの解説者が「これがレディのスケーティングです」と紹介しました。明らかに「女の子ではなく、女性」というニュアンスが入った、成熟したスケーティングを称えるコメントだと私は思っていますが、まったく同じことをブティルスカヤのスケートにも感じたものです。

2000年世界選手権、サラ・ブライトマンの『セーヌ・ダムール』をバックに、「夢かうつつか」と言いたいほどの世界を見せたショートプログラム（2000 Worlds SP）も極上の味わいでした。

男子ならば、世界選手権4回優勝のカート・ブラウニングと、3回優勝のエルヴィス・ストイコ。ともにカナダの選手です。

カート・ブラウニングは、オリンピックでは表彰台に立ったことがありません。しかし、そのことは、彼の1993年世界選手権のフリー（Kurt Browning 1993 Worlds FS）の、粋でエレガントな傑作をこれっぽっちも傷つけない。

カート・ブラウニングに続く4回転キング、エルヴィス・ストイコの1997年世界選手権のフリー（Elvis Stojko 1997 Worlds FS）も本当に素晴らしかった。世界選手権で初めて、「4回転と3回転のコンビネーション」に成功した演技。フィギュアスケートと両立して究めていた空手のニュアンスも振り付けに取り入れた、まさに「ストイコにしかできない演技」を堪能したものです。オリンピックの金メダルを獲っていないことで、そのストイコの輝きが曇るわけがないのです。

偉大なる日本人の先達・みどり

友人のマツコ・デラックスと私が初めて出会ったのは1995年ごろのこと。出会ってほどなく、お互い伊藤みどりの熱烈な信奉者であることがわかりました。まだ動画投稿サイトなどなかった時代、みどりの演技を録画したビデオテープを貸し借りしたこともありました。マツコもテレビで言っていましたが、私たちは伊藤みどりを愛しすぎているあまり、「みどり」と、敬称をつけないファーストネームで呼んでいるのです。

1988年カルガリーオリンピックのフリー（1988 Olympics FS）の弾けるようなパワー、スピード、高さ。

世界選手権で女性が初めてトリプルアクセルに成功した、記念すべき1989年世界選手権のフリー（1989 Worlds FS）。そのジャンプがあまりに高く、カメラが追いきれなくて、一瞬頭の上のほうが画面から切れてしまったのをはっきり覚えています。また、プログラム後半のトリプル・トリプルのコンビネーションは、ふたつめのトリプルトウのほうがはるかに高かった！

１９９０年世界選手権のオリジナルプログラム（1990 Worlds OP）の途方もなく大きなトリプルルッツ、そして躍動感と歯切れのよさで会場を引き込んだストレートラインステップ。フリー（1990 Worlds FS）の、完璧すぎるほど完璧なトリプルアクセルは、いまでもはっきり思い出せます。

伊藤みどりは、まさに女子シングルの世界をガラリと変えてしまいました。先駆者であり、革命児であり、美しい競技者でした。

伊藤みどりのことは、私は語っても語りきれません。

ただ、ひとつだけつけ加えるなら、私は、伊藤みどりが銀メダルを獲得した１９９２年アルベールビルオリンピックのチャンピオン、日系アメリカ人のクリスティ・ヤマグチも素晴らしいスケーターだと思っている、ということ。

特にオリジナルプログラム（Kristi Yamaguchi 1992 Olympics OP）の緻密なプログラムデザインは、さまざまな要素を細かくチェックするようになった現代の採点基準で見ると、よりそのすごみがわかります。

プログラム冒頭から、ジャンプに行くための助走に入るまで。これが、エッジワークをじっくり見せるための時間帯になっていること。

ダブルジャンプ（当時は「ステップからダブルジャンプ」でなくてはいけないルール）をきれいなバックアウトエッジで着氷し、バックインエッジになめらかに切り替えていく。

3つのポジションが移行していくレイバックスピン。

足替えのコンビネーションスピンの中のキャメルスピンで、チェンジエッジを入れている。

ダブルアクセルの着氷後、バックエッジからフォアエッジに切り替え、完璧な着氷であったことを、振り付けの中で表現している。

フライングキャメルスピンの、回転速度と音楽との融合……。

まるで新採点システムの到来を10年以上前に予測していたかのような構成。「フィギュアスケート大国のアメリカが総力を結集すると、こうなる」という見本のようなプログラムでした。これをエレガントに滑りきるクリスティも素晴らしい！

でも、「クリスティも素晴らしい！」ということを認めつつも、やはり伊藤みどりの輝きは、マッコと私にとっては永遠なのです。

浅田真央に寄せて

世界選手権で実に3度の優勝をした、浅田真央のことは、伊藤みどりと同じく、あまりに好きすぎて、私はいまだにうまく語れる自信がありません。

浅田真央の演技を最初にしっかり見たのは、2002年全日本選手権のフリー。伊藤みどりが1995~96年シーズンで使っていた衣装を着ていました。「とんでもない子が出てきた!」と驚愕《きょうがく》して以来、ずっとその演技を見てきたわけです。

トリプルアクセルにチャレンジし続けた歴史、さまざまな苦闘、そしてそれらが大輪の華になって昇華したソチオリンピックのフリー(2014 Olympics FS)……。

浅田真央については、ジャンプを中心に本当に多くのことが、雑誌や新聞、テレビなどで語られてきています。ですので、私からはふたつだけ。

2007年、東京でおこなわれた世界選手権のフリー(2007 Worlds FS)。「たった1年で、ここまでうまくなるんだなあ」と感慨を覚えたのは、スピンでした。片手でブレードをキャッチするビールマンスピンを含んだ、足替えのコンビネーションスピン。足替え後、シットの体勢から前方でキャッチフット。この前方キャッチフットは、ミシェル・クワンが1997年世界選手権のフリー（Michelle Kwan 1997 Worlds FS）で見せたのが印象に残っていたのですが、この体勢になってからのチェンジエッジの速さ、回転軸の細さ。そして「チェンジエッジをするために、体のどこに力を入れたのか、どこを引き締めたのか」がまったくわからないことに、本当に驚いたのでした。

そしてもうひとつ。ソチオリンピック後の世界選手権で優勝してからのこと。

ソチのフリーと世界選手権の優勝を競技人生のグランドフィナーレにしても、誰も不満など抱かなかったでしょう。続けるかどうか、本人の中でもたくさんの葛藤があったことと思います。しかし、それでも続けてくれたから、2016年世界選手権フリー（2016 Worlds FS）の『蝶々夫人』を見ることができたのです。

浅田真央が歩いてきた道のりそのものに「ありがとう」と言うことしかできません。

スケーターは、すべてをもっていっていい

日本人選手を挙げていくだけでも、正直言ってキリがなくなってしまいます。佐藤有香、本田武史、村主章枝《すぐりふみえ》、髙橋大輔、小塚崇彦、安藤美姫、鈴木明子……。メダリスト以外まで範囲を広げれば、永久に語っていたくなるほどです。

オリンピックや世界選手権のメダリストだけでなく、試合会場で観戦するすべての選手、テレビ中継で観戦するすべての選手が、私にとってはリスペクトに値するのです。

選手たちと自分を比べること自体、不遜極まりないのですが、私には、なんの分野であれ、地区予選を勝ち抜いて全国大会に出場した経験など、まったくありません。

子どものころから一心に打ち込んできたものも、何もない。

であればこそ、自分よりはるかに年若い人たちが、小さいころから打ち込んできたものを全力で披露しようとする姿を、リスペクトせずにはいられません。

大きな大会に出てくるほどの選手たちです。いいところがたくさんあるに決まっている。それをできるだけたくさん見つけたいと思って集中するのが、私にとっての「マナー」なのかもしれません。

20代、30代の方にはなじみの薄い名前でしょうが、70年代から80年代の初頭にかけて世界を席巻した、「ABBA」というスウェーデンのポップグループがいました。彼らの代表曲のひとつに、『The Winner Takes It All』という歌があります。

タイトルを直訳すれば、「勝者がすべてをもっていく」となるでしょうか。この歌は実はラブソングで、「ふられた側が敗者で、愛されたまま去っていくのが勝者」という、なかなか厳しい内容の歌詞です。

ただ、このタイトルに目をつけたのでしょうか、テレビ東京がテニスの全仏オープンの中継をやっていた時代、この曲がエンディングテーマで流されていた時期がありました。

「うまい選曲だわ」

と感心した記憶があります。

この曲のタイトルになぞらえるなら、『The Skater Takes It All』、つまり「スケーターがすべてをもっていく」のが当然と、私はいつも思っています。

こちらはこちらで、スケーターから受け取っているものがあるからです。

スケーターから、受け取っているもの

先述したように、私が、夏のオリンピック種目では体操競技、冬のオリンピック種目ではフィギュアスケートが好きな理由は、なんなのか。改めて考えてみました。

確かに、美しいものは好きです。しかし、それ以上の理由はたぶん、

「採点競技だから」

という部分にあるのかもしれません。

タイムや距離といった「絶対値」を競うのでも、テニスのように「ポイント」を競うのでもなく、審判たちがつけた「評価点」によって、順位が決まるもの。

採点競技において、好きな選手のスコアが伸びないことにやきもきしたり、釈然としない気持ちを抱くファンがいるのも自然なことだと思います。私自身、伊藤みどりの現役時代に、「なんでここまでの気持ちになるんだろう」と自分でも不思議に思うほど、釈然としない気持ちばかりを味わってきました。ただ、その気持ちは、カルガリーオリンピック

のフリー（1988 Olympics FS）が終わった瞬間の、会場の屋根が抜けるほどの大歓声で、美しく成仏しました。

「フィギュアスケート選手全般をリスペクトする」応援スタイルになってから、また、自分が仕事をするようになってから、変わったことがひとつあります。それは、

「スケーターが信じている世界、スケーターが打ち込んでいる世界を、部外者である私も好きだけど、その世界の壁を打ち破ろうとする権利も、打ち破ったときに与えられる栄光も、すべてはスケーターだけに与えられればいい」

という考えになったことです。

もう一度繰り返しますが、「スケーターはすべてをもっていっていい」のです。

比べるのもおこがましいですが、私の仕事も、他者からの「評価」のみで成り立っているようなものです。「何文字書いたか」という「絶対量」は、なんの判断基準にもなりません。私の書くものを「面白い」「つまらない」と評価するのは、私自身ではなく、編集者や読者の方々です。それが、私の選んだ仕事です。

世の中の仕事はだいたいそんな感じです。「絶対値」のみで仕事を成り立たせている人は、ごくごく少数のはず。営業成績のようなものも、「他者からの評価が数字になったもの」であるわけですから。

もう一度言います。「比べるのもおこがましい」ということはわかっています。しかし、私にとっては伊藤みどりの時代から、スケーターは、

「他者からの評価の壁を、自分自身の努力やここいちばんの集中力で破り、一段二段と高いところへ行く人たち」

でした。その姿に、

「自分ももうちょっとやんなきゃ。周りがどれだけなぐさめてくれたとしても、やるのは自分なんだから」

という力をもらってきたわけです。

そういう「気づき」とか「エネルギー」を与えてくれる存在が、私にとってのスケーターなのです。そして今回の平昌オリンピックでも、その「気づき」や「エネルギー」をた

っぷり受け取ることができると確信しています。

個人的な話ですが、私は現在、肝臓がんの治療中です。それが理由にもなっているのでしょうが、私がもっとも強く願っているのは、

「どの選手が何位くらいまでには入っていてほしい」

などということではありません。それを望む権利があるのは、選手自身とコーチだけですから。

私が願っているのは、単純に、選手の健康だけです。

極限まで自分を追い込むのがスポーツの定め。どのスポーツにおいても、ケガをまったくしないまま競技生活を続けていける人はいないでしょう。それはもちろんわかっていますが、それならそれで、せめて誰もが納得できるコンディションでオリンピックを迎えてほしい。

そして、競技生活を終えた後の、長い長い第二の人生を万全のコンディションで迎えてほしいのです。

オリンピックチャンピオンのアレクセイ・ヤグディン氏は人工股関節になっています。エフゲニー・プルシェンコ氏は、腰とひざを何度も手術し、時には「人間用のものでは効かない」と、馬に使う麻酔を打って試合に臨んだこともありました。ソチオリンピックのときには腰に入れたボルトまで折れてしまい、6分間練習のときに男子シングルを棄権する決断をした。

それほどつらい経験は、私には想像すら難しい。

それを「金メダルを獲った対価」だとは、どうしても思いたくない自分がいるのです。

この本のタイトルは『羽生結弦は助走をしない』です。

羽生結弦の「トランジションの密度の濃さ」や「足さばきのほとんどすべてを音楽にからめていく見事さ」については、私なりに書いてきたつもりです。

あわせて、「現在の羽生結弦が、『助走をしない』ほど、濃密な演技をするために、1年ごとにどのように成長していったか」ということも、気づいた限りのことを書いてきたつもりです。

私は単なる「観客」ですから、1年ごと、シーズンごとの変化くらいしか気づきません。しかし、毎年のように「これはひとつの『完成形』かも」と一観客に思わせ、しかも次のシーズンには必ずそれを超えてくる裏には、必ず「何か」があるはずです。「1年ごと、シーズンごと」どころか、「1日ごと、一瞬ごと」に、自分と向き合って、自分の限界を超えたいと自らの体を痛めつけるような「1日」があるはず。その「1日」の中に、数えきれないほどの「一瞬」があるはずです。

その「1日」や「一瞬」が、肉体的にも精神的にもどれほど厳しいものなのか……。

「2017年11月のNHK杯に羽生結弦が欠場を決めた」

というニュースを耳にして、改めて感じたような気がしました。

「わかった」とは言えません。あくまで、その厳しさを「感じたような気がした」だけです。そこまで厳しい世界で、そこまで自分を追い込んだことがない私は、それを「理解した」とは言えません。

ファンの方々はご存じでしょうが、羽生結弦の歴史は、すでにフィギュアスケート界にその名を刻んでいる輝かしいスケーターの歴史であると同時に、「ケガや病気と戦ってきた、一スポーツ選手の歴史」でもあります。

また、この1〜2年だけでも、日本の素晴らしい選手たちの多くが、ケガで苦しんでいます。２０１７年の世界選手権を欠場することになった宮原知子。本当に癖のない、美しいスケートをする白岩優奈も２０１６年４月に脛骨《けいこつ》を折っています。田中刑事は右腸腰筋の筋損傷で平昌シーズンのロシア杯を欠場しています。

そして、山本草太。２０１４年、ジュニア選手時代に初めて山本草太が滑るのを生で見て、「こんなに端正なスケートをするジュニア、世界を探してもめったにいるものではない」と大感激したものです。

足の骨折による長期のリハビリを経て、２０１７年10月、中部地区大会に出場したというニュースをテレビで見て、ハンカチが絞れるくらいに涙が出てきてしまったことも、昨日のことのように覚えています。

いま挙げた選手たちだけでなく、世界中の選手たちの誰もが、大なり小なりケガを抱えているはずです。そんな中でも前を向き続け、自分のすべてを出そうとする選手たちを、私はただリスペクトするばかりです。

羽生結弦だけでなく、世界中のすべての選手が「もっと密度の濃い演技を！」と自分に課している。

「もっと助走のないジャンプを」

「もっと助走のないプログラムを」

と、一瞬一瞬、自分を追い込んでいる。

この本で紹介した選手の中には、平昌オリンピックに出られない選手もいます。しかし、選手たちが、「オリンピック」という、もっとも高いバーを跳び越すために人生を丸ごと懸けておこなってきた「助走」が、無駄になることは決してない。

選手ひとりひとりが心に描く「助走のない演技」。そんな、高いバーを跳び越すために彼ら、彼女たちが身を削ってきた「助走」の一歩一歩に、傷などつくはずがない。

私は常にそう信じています。

彼らの健康を第一に願いつつ、かつ、平昌オリンピックに出場できる選手が、

「今日は僕の日だった」

「今日は私の日だった」

と感じられる……。そんなオリンピックになりますように。
彼らの「助走」が、ちゃんと実を結びますように！

あとがき

フィギュアスケートのことを書き始めるようになってから、

「スポーツ雑誌の編集部に在籍していたのですか?」

と、読者の方からメールをいくつか頂戴しました。

私はかつて出版社に編集者として勤務していて、いまはフリーランスで活動している身ですが、スポーツ系の雑誌の編集部に在籍していたことは一切ありません。

単に、フィギュアスケートが大好きで、38年間ずっと見続けてきているだけなのです。

このような本を出版させていただいていいものか、正直、いまでも迷いがあります。

私は単なる「フィギュアスケート観戦が大好きなエッセイスト」。この本に書いたことも、あくまでも「私のツボ」に過ぎないのです。

フィギュアスケートは、非常に美しいものである。

そのことは、この本を手にしてくださった方、すべてに共通する思いでしょう。

では、その美しいものを、どのように見て、感じて、自分の中に取り込むか。

それは、それぞれの方法論や感受性にゆだねられるべきだと私は固く信じています。

採点は、審判が血を吐く思いでジャッジをしている。

選手たちは、血を吐く思いで「これが、自分にとっていちばん難しく、美しいもの」を見せようとしている。

では、受け取る私たちも、私たちそれぞれのやり方で、一生懸命に受け止めてみましょう……。この本は、そういう本です。


皆さんひとりひとりの方法論や価値観は、それぞれすべて「正解」です。あなたにとっての「正解」は、リスペクトされるに充分、価するものです。

私はこの本で、「正解」を押しつけるつもりは一切ありません。私はただ、「こんな見方をしている人もいますよ」という、ある種の「提示」をしているに過ぎません。

でも、もし、私からの「提示」が、あなたの「正解」と触れあい、何かしらの化学反応が起こったら……。

あなたの方法論や感受性に、ちょっとだけ「広がり」ができるかもしれない。「新しいものの見方」がほんの少し増えるかもしれない。

そうしたら、あなたがいままで見ていたもの、これから見ていくものの「見え方」が、ほんの少し違ってくるかもしれない。その「ほんの少しの違い」が、「新たな楽しみ」を連れてきてくれるかもしれない……。


人生における素敵なもの。例えば恋愛、美味《おい》しいもの、芸術、そしてフィギュアスケートのような素晴らしいスポーツ。そういったものを味わうときのベースである、あなた自身の素晴らしい感受性。そこに、ちょっとしたスパイスのような「きっかけ」を差し上げることができたら……。

私がものを書くうえで意識してきたことは、そのことだけです。

今回、初めて「スポーツ」について書きましたが、それはできていたでしょうか。読者の皆さんに、ほんの少しでも「イエス」と感じていただけたのなら、こんなに嬉しいことはありません。

私にフィギュアスケートのことを書くチャンスを与えてくださったネットメディア、「サイゾー premium」に心からの感謝を。この本にも、「サイゾー premium」で書いたことをベースに再構成した箇所があります。

「高山さんが思うこと、感じることを、一字一句そのまま出すのが、こちらの役目」と言い続けてくださったこと、本当にありがたく思っています。

別件での打ち合わせ前の雑談中、私が何気なく話したフィギュアスケートのことに興味を示し、今回の企画につなげてくださった、小説すばる編集部の栗原清香さん。そして、何かにつけて怠けたがる私を見事にコントロールしてくださった、新書編集部の金井田亜希さんに、心からの感謝を申し上げます。

そして何よりも、この本を手にしてくださった方々へ。

私は、選手たちの健康を祈るのと同じくらいの強さで、皆さんのご健康をお祈りしております。平昌オリンピックが終わっても、まだまだ見たいもの、楽しみたいものは、たくさんありますものね。

心からの御礼を申し上げます。本当にありがとうございました。

高山　真

高山 真（たかやま まこと）

エッセイスト。東京外国語大学外国語学部フランス語学科卒業後、出版社で編集に携わる。著書に『恋愛がらみ。不器用スパイラルからの脱出法、教えちゃうわ』『愛は毒か 毒が愛か』など。

羽生《はにゅう》結弦《ゆづる》は助走《じょそう》をしない 誰《だれ》も書《か》かなかったフィギュアの世界《せかい》

集英社新書〇九一七H

二〇一八年一月二二日 第一刷発行

著者……高山《たかやま》 真《まこと》
発行者……茨木政彦
発行所……株式会社集英社
東京都千代田区一ツ橋二-五-一〇 郵便番号一〇一-八〇五〇
電話 〇三-三二三〇-六三九一（編集部）
〇三-三二三〇-六〇八〇（読者係）
〇三-三二三〇-六三九三（販売部）書店専用

装幀……原 研哉
印刷所……凸版印刷株式会社
製本所……加藤製本株式会社

定価はカバーに表示してあります。

ISBN978-4-08-721017-0 C0275 Printed in Japan

a pilot of wisdom

ゾーンの入り方
室伏広治　0905-C

ハンマー投げ選手として活躍した著者が語る、スポーツ、仕事、人生に役立ち、結果を出せる究極の集中法！

明治維新150年を考える
――「本と新聞の大学」講義録

モデレーター　一色　清／姜尚中
赤坂憲雄／石川健治／井手英策／
澤地久枝／高橋源一郎／行定　勲　0906-B

明治維新から一五〇年、この国を呪縛してきたものの正体を論客たちが明らかにする、連続講座第五弾。

勝てる脳、負ける脳
一流アスリートの脳内で起きていること

内田　暁／小林耕太　0907-H

一流選手たちの証言と、神経行動学の最新知見から、アスリートの脳と肉体のメカニズムを解明する！

「富士そば」は、なぜアルバイトにボーナスを出すのか
丹　道夫　0908-B

企業が利益追求に走りブラック化する中、従業員を大切にする「富士そば」が成長し続ける理由が明らかに。

男と女の理不尽な愉しみ
林　真理子／壇　蜜　0909-B

世に溢れる男女の問題を、恋愛を知り尽くした作家とタレントが徹底討論し、世知辛い日本を喝破する！

欲望する「ことば」「社会記号」とマーケティング
嶋　浩一郎／松井　剛　0911-B

女子力、加齢臭、草食男子……見え方を一変させ、世の中を構築し直す「社会記号」の力について分析。

ぼくたちはこの国をこんなふうに愛することに決めた
高橋源一郎　0912-B

子供たちの「くに」創りを通して竹島問題、憲法改正、象徴天皇制など日本の今を考える「小説的社会批評」。

「コミュ障」だった僕が学んだ話し方
吉田照美　0913-E

青春時代、「コミュ障」に苦しんだ著者が悩んだ末に辿り着いた、会話術の極意とコミュニケーションの本質。

改憲的護憲論
松竹伸幸　0914-A

憲法九条に自衛隊を明記する加憲案をめぐり対立する改憲派と護憲派。今本当に大事な論点とは何かを問う。

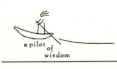